C.G. Jung
y el viaje
hacia uno mismo

Laura Blanco-Román

Lo esencial de los
MAESTROS
ESPIRITUALES

Redbook
ediciones

© 2025, Redbook Ediciones, s. l., Barcelona

Lo esencial de los maestros espirituales es una colección creada
y dirigida por Dalia Ediciones S.L. (MMA)

Diseño de cubierta: Regina Richling

Diseño de interior: Primo Tempo / Marta Ruescas

ISBN: 978-84-9917-750-2

Depósito legal: B-10.507-2025

Impreso por Andalusí Gráficas,
Polígono Ind. Zárate Camino Nuevo de Peligros s/n
18210 Peligros (Granada)

Impreso en España - *Printed in Spain*

«Lo que niegas, te somete.
Lo que aceptas, te transforma».
C.G. JUNG

Para conocerte por dentro

Pocas figuras en la historia del pensamiento han tenido un impacto tan profundo y duradero como Carl Gustav Jung. Médico suizo, psiquiatra, explorador de la psique humana, soñador, visionario y a veces incomprendido, Jung nos legó un mapa incomparable del territorio interior del ser humano, una cartografía del alma que continúa guiando a millones de personas en su búsqueda de sentido y plenitud.

El libro que tienes entre manos quiere ser una invitación a explorar el rico universo junguiano, una guía esencial para adentrarte en las ideas fundamentales de uno de los pensadores más influyentes del siglo XX. No aspira a sustituir la lectura directa de Jung —cuya obra es tan rica como desafiante— sino a proporcionarte las claves necesarias para comprender su visión y, quizás, inspirarte a emprender tu propio viaje hacia las profundidades de la psique.

Pionero

Cuando Jung comenzó su carrera a principios del siglo XX, la psicología moderna apenas daba sus primeros pasos. Como discípulo de Freud, parecía destinado a seguir el camino trazado por el maestro vienés. Sin embargo, su aguda intuición, su vastísima cultura y su valentía intelectual le condujeron por territorios inexplorados. Su ruptura con Freud, dolorosa pero necesaria, marcó el nacimiento de una nueva comprensión de la psique humana, una visión que integraba no solo lo personal, sino también lo colectivo; no solo lo consciente, sino también lo inconsciente; no solo la razón, sino también el mito, el símbolo y la imaginación creativa.

Vamos a disfrutar descubriendo las ideas fundamentales del pensamiento junguiano: el inconsciente colectivo, esa dimensión compartida de nuestra psique donde habitan las experiencias primordiales de la humanidad; los arquetipos, esos patrones universales que dan forma a nuestras experiencias más profundas; el proceso de individuación, ese camino de integración psíquica que nos conduce hacia la totalidad y la autenticidad; la sincronicidad, esa misteriosa conexión entre los acontecimientos psíquicos y físicos que trasciende la causalidad convencional; y los tipos psicológicos, ese marco conceptual que nos ayuda a comprender la diversidad de las mentes humanas.

Te acompañaremos en un recorrido por la biografía de Jung, desde su infancia marcada por experiencias espirituales intensas, pasando por su formación médica y psiquiátrica, su colaboración y posterior ruptura con Freud, su «confrontación con el inconsciente» —ese periodo crucial de exploración interior que dio origen a su obra más personal, *El Libro Rojo*— hasta su reconocimiento como uno de los grandes maestros espirituales de nuestro tiempo.

En el siglo XXI

En este libro no nos hemos limitado a presentar las ideas de Jung como piezas de museo. Exploraremos cómo estas ideas siguen vivas y en evolución en el siglo XXI, dialogando con disciplinas tan diversas como la neurociencia, la ecología profunda, los estudios de género o las tecnologías digitales. Porque el legado de Jung no es un sistema cerrado, sino una invitación abierta a explorar, cuestionar y descubrir.

¿Qué hace que Jung siga siendo tan relevante en nuestro tiempo? Quizás sea su profundo respeto por el misterio de la existencia humana, su rechazo a reducir la complejidad de la psique a fórmulas simplistas, su reconocimiento de la dimensión espiritual como parte integral de la experiencia que vivimos en cada periplo vital.

En una época caracterizada por la fragmentación, el materialismo reduccionista y la pérdida de sentido, Jung nos recuerda que somos seres simbólicos, que nuestras vidas están entretejidas con mitos y arquetipos, y que el viaje hacia el autoconocimiento es también un viaje hacia lo universal.

Los capítulos que siguen han sido concebidos para ser accesibles incluso si es tu primer contacto con Jung, pero también para ofrecer perspectivas estimulantes a quienes ya están familiarizados con sus ideas. Cada capítulo aborda un aspecto fundamental de su pensamiento, ilustrado con ejemplos claros, casos prácticos y conexiones con la vida cotidiana.

Al final del libro encontrarás una selección de aforismos y reflexiones de Jung que condensan su sabiduría, así como una guía de recursos para profundizar: bibliografía esencial, documentales, podcasts y sitios web que te permitirán continuar tu exploración.

Iniciar el estudio de Jung puede ser como entrar en un bosque profundo: inspirador, y un poco intimidante a la vez. Este libro pretende ser tu brújula y tu linterna en ese bosque, señalándote senderos, iluminando recovecos oscuros y ayudándote a orientarte en el vasto territorio del inconsciente.

«Quien mira hacia afuera, sueña; quien mira hacia adentro, despierta», escribió Jung en uno de sus aforismos más conocidos. Te invitamos a emprender ese viaje hacia adentro, hacia el despertar que promete el autoconocimiento genuino. Que este libro te sea un compañero útil en este camino.

Bienvenido al universo junguiano, un territorio donde los opuestos se reconcilian, donde los símbolos cobran vida, donde las sombras contienen tesoros y donde quizá encuentres respuestas a preguntas que ni siquiera sabías que tenías. ¿Comenzamos?

CAPÍTULO 1

El hombre
y sus símbolos

*«No llegas a ser iluminado imaginando figuras de luz,
sino haciendo consciente la oscuridad.»*
C.G. Jung

La génesis de una obra singular

El hombre y sus símbolos representa un hito en la trayectoria intelectual de Carl Gustav Jung. Publicado póstumamente en 1964, es la única obra que el psiquiatra suizo concibió específicamente para un público amplio, no especializado, con la intención deliberada de hacer accesibles sus ideas fundamentales sobre el inconsciente, los sueños y el simbolismo humano.

Este libro nació en 1959, cuando Jung tenía 84 años. La BBC emitió una entrevista con él titulada «Face to Face». Aquella conversación televisada captó la atención de Wolfgang Foges, un editor que quedó impresionado por la profundidad y claridad con que Jung explicaba ideas y conceptos complejos. Foges propuso entonces a Jung escribir un libro que introdujera sus ideas al público general.

Inicialmente, Jung rechazó la propuesta. A lo largo de su carrera, se había dirigido principalmente a un público académico y profesional, y consideraba que sus teorías eran demasiado complejas para ser «simplificadas» sin perder su esencia. Sin embargo, una experiencia particular cambió su perspectiva. Jung tuvo un sueño premonitorio que interpretó como una señal de que debía aceptar el proyecto. Así lo explicó Marie-Louise von Franz, colaboradora cercana de Jung:

«El Dr. Jung soñó que, en lugar de hablar a un pequeño círculo de amigos y especialistas como solía hacer, se encontraba de pie en una plaza pública dirigiéndose a una multitud que lo escuchaba con atención y comprendía lo que decía.»

Este sueño convenció a Jung de la importancia de transmitir sus descubrimientos a un público más amplio. Accedió a supervisar el proyecto con la condición de que pudiera seleccionar a sus colaboradores y mantener control sobre el contenido. Desafortunadamente, Jung falleció en junio de 1961, habiendo completado solo el primer capítulo del libro. Sin embargo, dejó instrucciones detalladas para los cuatro capítulos restantes, que serían desarrollados por algunos de sus discípulos más cercanos: Marie-Louise von Franz, Joseph L. Henderson, Aniela Jaffé y Jolande Jacobi.

En cinco capítulos

Esos cuatro capítulos, fueron escritos por un autor diferente cada uno, pero manteniendo una coherencia temática y conceptual que refleja la visión unificada de Jung. Vamos a verlos.

1. Acercamiento al inconsciente (Carl Gustav Jung). El único capítulo escrito directamente por Jung constituye una magistral introducción a sus ideas fundamentales. Jung establece aquí la distinción esencial entre signos y símbolos: mientras los signos son representaciones directas de objetos conocidos, los símbolos apuntan hacia significados que trascienden lo inmediato y conocido. «Un símbolo siempre anuncia que hay más de lo que puede verse a primera vista», escribe Jung, estableciendo así la base de su aproximación a la psique humana.

En este capítulo Jung explica también la función compensatoria de los sueños, y cómo expresan aspectos de nuestra psique que la consciencia ha ignorado o reprimido. Introduce también el concepto de inconsciente colectivo, distinguiéndolo del inconsciente personal freudiano, y describe cómo los arquetipos se muestran a través de símbolos universales que aparecen en mitos, sueños y expresiones artísticas de todas las culturas.

2. *Los mitos antiguos y el hombre moderno* (Joseph L. Henderson). Aquí se observa cómo los patrones arquetípicos se manifiestan en los mitos de las culturas y cómo siguen influyendo en la psique moderna a pesar del aparente alejamiento de la conciencia contemporánea de estas narrativas ancestrales.

Analiza los ritos de iniciación, el viaje del héroe, y otros motivos mitológicos como expresiones de procesos psicológicos fundamentales que siguen siendo relevantes para el desarrollo humano actual.

3. *El proceso de individuación* (Marie-Louise von Franz). La individuación: el proceso de integración psicológica mediante el cual una persona se convierte en un individuo

¿Qué es una cuaternidad?

Según Jung, la cuaternidad es un arquetipo que, por así decirlo, se presenta universalmente: «Es la premisa lógica de todo juicio de totalidad. Si se quiere llegar a un juicio de este tipo, éste debe tener un aspecto cuádruple. Cuando, por ejemplo, se quiere caracterizar la totalidad del horizonte, se nombran los cuatro puntos cardinales. Hay siempre cuatro elementos, cuatro cualidades primitivas, cuatro colores, cuatro castas en la India, cuatro caminos en el sentido de evolución espiritual en el budismo. Por eso también hay cuatro aspectos psicológicos de la orientación psíquica, más allá de lo cual no puede ya decirse nada más, fundamentalmente.»

completo y unificado. A través de análisis detallados de series de sueños, von Franz ilustra cómo el inconsciente guía este proceso, presentando símbolos cruciales como mandalas, cuaternidades y figuras del ánima/animus que representan etapas del desarrollo psíquico.

4. El simbolismo en las artes visuales (Aniela Jaffé). Jaffé examina la manifestación de símbolos arquetípicos en el arte a lo largo de la historia, desde las pinturas rupestres hasta el arte moderno, mostrando cómo las preocupaciones psíquicas colectivas de cada época se reflejan en sus expresiones artísticas. Particular atención recibe el análisis de la transición del arte figurativo al abstracto como reflejo de la crisis espiritual de la modernidad.

5. *Símbolos en un análisis individual* (Jolande Jacobi). Es el estudio que demuestra cómo los principios teóricos expuestos en los capítulos anteriores se aplican en la práctica terapéutica, siguiendo el proceso de curación y transformación de un paciente a través del trabajo con sus sueños y símbolos personales.

El símbolo, según Jung

La originalidad y profundidad de *El hombre y sus símbolos* está en su concepción del símbolo como algo fundamentalmente distinto del signo o la alegoría. Para Jung, los símbolos no son representaciones codificadas que pueden «traducirse» directamente a lenguaje racional, sino manifestaciones vivas de la energía psíquica que emergen cuando la consciencia se enfrenta a lo desconocido.

Lo explica así en el primer capítulo:

«Lo que llamamos símbolo es un término, un nombre o una pintura que puede ser conocido en la vida diaria aunque posea connotaciones específicas además de su significado corriente y obvio. Representa algo vago, desconocido u oculto para nosotros (...) Una palabra o una imagen es simbólica cuando representa algo más que su significado inmediato y obvio.»

Esta característica del símbolo como portador de significados que trascienden lo racional y lo consciente explica por qué los símbolos genuinos no pueden reducirse a explicaciones lógicas. Jung insiste en que el símbolo muere cuando es «traducido» a términos racionales, perdiendo su capacidad transformadora.

«A medida que una comprensión simbólica avanza, el símbolo mismo se marchita y muere. No obstante, el símbolo no morirá, sino que llegará a ser aún más vivo, para aquellos que no hayan comprendido su significado. Para ellos, continúa siendo una proyección de contenidos inconscientes.»

Hoy se considera que esta concepción del símbolo como algo vivo, dinámico y transformador es una de las contribuciones más originales de Jung a la psicología.

El lenguaje de los sueños

Uno de los aspectos más influyentes del libro es su aproximación a los sueños como expresiones simbólicas del inconsciente, que complementan y compensan las actitudes conscientes. A diferencia de Freud, que veía los sueños como realizaciones disfrazadas de deseos reprimidos, Jung los consideraba comunicaciones significativas del inconsciente que contribuyen a la autorregulación psíquica.

Jung explica que los sueños hablan un lenguaje simbólico porque tratan de comunicar experiencias y percepciones para las cuales no tenemos conceptos adecuados en nuestra consciencia. «Los sueños no son intentos deliberados o calculados de disfrazarse, sino fenómenos naturales, que son precisamente lo que aparentan ser. No engañan, no mienten, no distorsionan ni disfrazan, sino que comunican su materia en la forma más ingenua posible. Son irritantes y desconcertantes sólo porque no comprendemos su lenguaje.»

A través de numerosos ejemplos, *El hombre y sus símbolos* muestra cómo los sueños pueden ofrecer perspectivas compensatorias, advertencias, soluciones a problemas y orientación para el desarrollo psicológico. Jung y sus colaboradores muestran que los sueños no deben interpretarse con fórmulas fijas, sino comprenderse en el contexto de la vida del soñador y de las asociaciones personales que despiertan.

Marie-Louise von Franz lleva a cabo un revelador análisis de varias series de sueños, mostrando cómo temas y símbolos recurrentes pueden señalar etapas del proceso de individuación. «Cuando un analista emprende el trabajo práctico de interpretación de sueños, necesita una base histórica considerable para su formación, así como cierto conocimiento de mitología, folklore, religión e historia de las religiones. La razón es que los mismos problemas arquetípicos han sido elaborados una y otra vez en cada cultura y en cada época.»

El inconsciente colectivo y los arquetipos

En el libro se exploran diversos arquetipos fundamentales como la Sombra (aspectos rechazados de la personalidad), el Ánima/Animus (figuras internas del sexo opuesto), el Viejo Sabio, la Gran Madre, y el Sí-mismo (la totalidad de la psique, el final del proceso de individuación). Estos arquetipos se manifiestan a través de símbolos específicos que aparecen espontáneamente en sueños, fantasías, mitos y expresiones artísticas.

Henderson explora estas manifestaciones en los mitos mundiales, mientras que Jaffé analiza su presencia en el arte. Ambos autores demuestran que, lejos de ser meras curiosidades históricas, estos patrones arquetípicos continúan activos en la psique moderna, apareciendo espontáneamente cuando la consciencia necesita reorientarse o integrar aspectos inexplorados de la personalidad.

El proceso de individuación

Es el hilo conductor que unifica los diversos capítulos de *El hombre y sus símbolos*. Jung define la individuación como «el proceso por el cual un individuo se convierte en la unidad definida, única, que es». Es decir, «el proceso mediante el cual una persona se convierte en un "individuo" psicológico, es decir, en una unidad separada e indivisible, un "todo"».

Marie-Louise von Franz dedica su capítulo a explicar este proceso, destacando que no se trata de un desarrollo lineal predeterminado, sino de un camino único para cada persona, guiado por el Sí-mismo a través de sueños y sincronicidades: «La individuación significa llegar a ser un individuo único, y, en cuanto entendemos por individualidad nuestra singularidad más íntima, última e incomparable, también implica llegar a ser uno mismo. Por tanto, podríamos traducir individuación como "realización del sí-mismo".»

Este proceso implica varias etapas cruciales, cada una simbolizada por encuentros con diferentes figuras arquetípicas:

1. Confrontación con la Sombra: Reconocimiento e integración de los aspectos rechazados o negados de la personalidad.

2. Encuentro con el Ánima/Animus: Relación con los aspectos contrasexuales de la psique que sirven como puente hacia el inconsciente colectivo.

3. Confrontación con arquetipos del espíritu (Viejo Sabio, Gran Madre): Integración de la sabiduría y los valores trascendentes.

4. Experiencia del Sí-mismo: Encuentro con el centro regulador de la psique total, a menudo simbolizado por mandalas, cuaternidades o figuras divinas.

Von Franz ilustra estas etapas con ejemplos concretos de series de sueños, mostrando cómo los símbolos que aparecen espontáneamente en ellos guían el proceso:

«El sí-mismo aparece en sueños, mitos y cuentos de hadas en la figura de la "personalidad superior", como un supraordinada, como un rey, héroe, profeta, salvador, etc., o en forma de un símbolo de totalidad como el círculo, el cuadrado, la cuadratura del círculo, la cruz, etc.»

Utilidad en nuestros días

Uno de los aspectos más visionarios del libro es su diagnóstico de los problemas del ser humano actual y su propuesta de solución. Jung y sus colaboradores identifican la desconexión del individuo contemporáneo de sus raíces simbólicas y espirituales como fuente de numerosas patologías psicológicas.

La aproximación junguiana a la interpretación

Un aspecto particularmente valioso de *El hombre y sus símbolos* es que no solo presenta la teoría junguiana del simbolismo, sino que también muestra su método de interpretación.

● **Contextualización y mirada amplia.** A diferencia de sistemas más rígidos o dogmáticos que asignan significados fijos a los símbolos, el enfoque de Jung se caracteriza por una contextualización (los símbolos aparecen en relación con la situación vital de la persona) y una aproximación amplia, en vez de reducir el símbolo a un significado único lo amplifica, relacionándolo con paralelos culturales, históricos y mitológicos que enriquecen su comprensión.

● **Respeto por el misterio:** Jung insiste en que los símbolos genuinos nunca pueden agotarse completamente mediante interpretaciones racionales, ya que siempre conservan un elemento de misterio que apunta hacia lo desconocido.

● **Énfasis en la transformación:** el objetivo de la interpretación es facilitar un proceso de transformación psicológica.

Como explica Jung en el libro: «La interpretación de los sueños requiere inteligencia, paciencia y conocimiento, pero también la facultad correcta de intuición. (...) Un símbolo onírico no puede separarse del individuo que lo sueña, y no hay interpretación definida o mecánica de cualquier símbolo onírico o imagen.»

En sus páginas finales, Jung nos ofrece una reflexión que sintetiza el mensaje central del libro y su visión del camino hacia adelante para la humanidad:

«El hombre moderno no comprende que su "racionalismo" lo ha empujado a un mundo exclusivamente externo, aislándolo de sus raíces más profundas, y aislándolo de su propio ser. El conocimiento científico ha alejado al hombre de sí mismo. Pero ese conocimiento está en la mente, no en el cerebro. Lo que está en el cerebro es el más serio obstáculo para el autoconocimiento».

CAPÍTULO 2

Psiquiatra pionero, artesano del alma

«Conócete a ti mismo. A la raíz, al fondo de ti,
es a lo que tienes que llegar.
Éste es el camino de descubrimiento que te conducirá a través
de un país desconocido, inexplorado.
Y es el único camino que puede llevarte a entenderte.»
C.G. JUNG

Carl Gustav Jung nació el 26 de julio de 1875 en Kesswil, Suiza, en el seno de una familia con fuertes raíces alemanas y un profundo trasfondo religioso. Su padre era pastor protestante y profesor de lenguas semíticas, mientras que su abuelo paterno había ejercido la medicina y era profesor en la Universidad de Basilea.

La figura materna tuvo una influencia determinante en el desarrollo del joven Carl. Su madre, Emilie Preiswerk, mostraba lo que el propio Jung describió como una doble personalidad: por un lado, una faceta familiar convencional, y por otro, una dimensión más espiritual y misteriosa. A lo largo de su vida Emilie experimentó episodios depresivos y mostró una marcada inclinación hacia temas de ocultismo y parapsicología. Jung relataría más tarde que su madre a menudo parecía habitar dos mundos diferentes, y esta dualidad influenció profundamente su comprensión posterior de la psique humana.

Un niño solitario y reflexivo

Jung fue un niño extremadamente tímido y solitario. Su hermano Paul, dos años menor que él, falleció siendo muy pequeño, y su única hermana, Johanna Gertrud, nació cuando él tenía nueve años. Esta circunstancia familiar lo llevó a pasar gran parte de su infancia sin compañía de otros niños.

Para ocupar su tiempo, el pequeño Carl jugaba con elementos de la naturaleza y desarrolló una imaginación extraordinaria, creando elaboradas narrativas sobre todo lo que experimentaba. Era un lector voraz, especialmente aficionado a reflexiones profundas sobre temas filosóficos y espirituales. Uno de los libros que más influyó en su pensamiento fue *Así habló Zaratustra* de Friedrich Nietzsche.

Aquel sueño misterioso

Jung mostró enseguida una fascinación por los sueños, la mitología y la religión, temas que se convertirían en piedras angulares de su trabajo futuro. Sus sueños infantiles, intensamente vívidos y cargados de simbolismo, tuvieron un profundo impacto en su desarrollo intelectual. Uno de estos sueños, vivido cuando apenas contaba tres o cuatro años, lo marcó de por vida.

En este sueño, Jung descendía por un oscuro agujero rectangular excavado en una pradera. Al llegar al fondo, encontraba un arco con una cortina verde que ocultaba un misterio. Movido por la curiosidad, apartaba la cortina para descubrir una cámara real con techo alto y una alfombra roja. Al final de esta alfombra, presidiendo la estancia, se encontraba un impresionante trono sobre el cual reposaba una extraña criatura con forma de árbol, consistencia de piel humana y un solo ojo en la parte superior del tronco. En ese momento, su madre gritaba desde la entrada: «¡Míralo! ¡Es el comedor de hombres!». El terror despertó al pequeño Carl, pero más tarde interpretaría este sueño como su primera iniciación en el mundo de los misterios y los símbolos.

Una curiosidad poco conocida es que Jung, siendo niño, tenía una piedra en el jardín de su casa a la que consideraba como su «amigo». Solía sentarse junto a ella y hablarle durante horas, compartiendo sus pensamientos más íntimos. Años más tarde, reconocería que esta experiencia infantil ya contenía aspectos fundamentales de lo que luego definiría como *proyección psíquica*, una idea esencial en su teoría psicológica.

Curiosidad intelectual juvenil

A medida que crecía, Jung desarrolló una sensibilidad extraordinaria para relacionar entre sí sensaciones e ideas aparentemente dispares, un rasgo característico que definiría su manera de pensar y que lo llevaría a adoptar fácilmente los planteamientos del psicoanálisis posteriormente.

Al llegar a su segunda década de vida, Jung se había convertido en un ávido lector con intereses muy diversos.

Su curiosidad intelectual era insaciable: cada respuesta que encontraba generaba nuevas preguntas. Y le interesaba desarrollarse como persona en dos dimensiones complementarias: en los aspectos cotidianos de la vida social y en los temas relacionados con los misterios de la existencia.

A pesar de su interés por la arqueología, diversos problemas económicos lo llevaron a estudiar medicina en la Universidad de Basilea entre 1894 y 1900. La medicina le permitió combinar su interés por los procesos biológicos con su fascinación por los fenómenos psíquicos y espirituales.

Durante sus años universitarios, Jung participó en sesiones espiritistas, algo relativamente frecuente en aquella época. Estas experiencias, lejos de convencerlo de la existencia de espíritus, despertaron su interés por los fenómenos psíquicos inexplicables. Su tesis doctoral, titulada «Acerca de la psicología y patología de los llamados fenómenos ocultos», analizaba el caso de una médium que resultó ser su prima, Hélène Preiswerk. Aquel trabajo ya evidenciaba su capacidad para abordar fenómenos misteriosos desde una perspectiva psicológica rigurosa, que evitaba las explicaciones sobrenaturales.

El inicio de su carrera profesional

Tras completar sus estudios de medicina, Jung se especializó en psiquiatría, disciplina que en aquella época se centraba principalmente en la descripción de síntomas sin profundizar en las causas de las enfermedades mentales. Insatisfecho con este enfoque, Jung se preguntaba qué ocurría realmente en la mente de los «alienados», como entonces se denominaba a los pacientes con trastornos mentales.

En 1900 comenzó a trabajar en el prestigioso Hospital Psiquiátrico de Burghölzli en Zúrich, bajo la dirección del renombrado psiquiatra Eugen Bleuler. Durante este período Jung no solo trató pacientes, sino que también realizó importantes investigaciones sobre esquizofrenia y desarrolló el método de asociación de palabras para investigar el inconsciente.

Este método, que consistía en presentar al paciente una serie de palabras-estímulo y registrar sus respuestas y tiempos de reacción, permitía identificar *complejos* emocionales inconscientes. Jung descubrió que cuando una palabra tocaba un tema emocionalmente cargado para el paciente, se producían anomalías en la respuesta: tiempos de reacción más largos, respuestas inusuales o síntomas físicos como sudoración o cambios en la respiración. Este trabajo pionero proporcionó la primera evidencia experimental de la existencia del inconsciente y contribuyó significativamente a la credibilidad científica del psicoanálisis. Uno de sus casos más destacados fue el de una joven diagnosticada de esquizofrenia, acusada de la muerte de un niño, que mejoró notablemente tras catorce días de terapia con Jung.

En 1905 obtuvo el título de psiquiatra. Poco después fue nombrado director jefe de psiquiatría en la Clínica Universitaria de Zúrich.

Otra innovación importante en esta etapa fue su enfoque hacia los pacientes con esquizofrenia. En una época en que estos enfermos eran considerados casos perdidos, Jung insistía en que sus delirios no eran simples sinsentidos, sino expresiones simbólicas con significado psicológico.

Décadas antes que otros profesionales, Jung ya trataba a estos pacientes con dignidad y respeto, escuchando atentamente sus historias y buscando comprender el significado de sus síntomas.

El encuentro con Freud

En 1906, Jung envió a Sigmund Freud una copia de su trabajo sobre la psicopatología de fenómenos ocultos, iniciando una intensa correspondencia entre ambos. Al año siguiente, en 1907, se conocieron personalmente en Viena, donde mantuvieron una legendaria conversación de trece horas ininterrumpidas, un encuentro que Jung describiría más tarde como «electrizante».

La diferencia de edad entre ambos era significativa: cuando se conocieron, Freud tenía 50 años y era ya una figura reconocida, mientras que Jung tenía 31 y estaba en pleno ascenso profesional. Esta diferencia contribuyó a establecer inicialmente una dinámica de mentor-discípulo entre ellos. Freud encontró en Jung al sucesor brillante que buscaba para liderar el movimiento psicoanalítico, mientras que Jung vio en Freud al maestro que podía guiarlo en la exploración del inconsciente.

Jung se convirtió en uno de los principales defensores y promotores del psicoanálisis freudiano, particularmente en la comunidad psiquiátrica de habla alemana. Freud llegó a considerar a Jung como su «príncipe heredero» y sucesor natural al frente del movimiento psicoanalítico. Entre 1909 y 1913, Jung fue el primer presidente de la Asociación Psicoanalítica Internacional.

Un hecho poco conocido es que Freud consideraba especialmente valioso a Jung por ser «ario», es decir, no judío. Freud, consciente del antisemitismo de la época y del hecho de que muchos de sus primeros seguidores eran judíos, temía que el psicoanálisis fuera descartado como una «ciencia judía». Por ello, depositó grandes esperanzas en Jung como figura que podría hacer que el psicoanálisis fuera aceptado más ampliamente.

Sin embargo, con el tiempo, las diferencias teóricas entre ambos pioneros se hicieron cada vez más evidentes. Jung discrepaba fundamentalmente con la teoría sexual de Freud y su visión materialista de la psique humana. Mientras que Freud interpretaba los fenómenos psíquicos principalmente como manifestaciones de impulsos sexuales reprimidos, Jung buscaba explicaciones más amplias que incluyeran elementos culturales, mitológicos y espirituales.

La ruptura

Un incidente famoso que ilustra la tensión en su relación ocurrió durante el viaje que ambos realizaron a Estados Unidos en 1909, invitados por la Universidad Clark. Durante la travesía en barco, Jung relató uno de sus sueños a Freud, pero este se negó a continuar la interpretación alegando que Jung estaba ocultando detalles importantes. Cuando Jung insistió en que había compartido todo, Freud respondió: «No puedo arriesgar mi autoridad». Esta frase impactó profundamente a Jung, revelándole que Freud priorizaba su posición como líder del movimiento psicoanalítico por encima de la exploración científica abierta.

Otro episodio significativo ocurrió durante una de sus discusiones sobre la naturaleza del inconsciente. Según el relato de Jung, Freud, resistiéndose a explorar ciertas áreas de su propio inconsciente que podrían desafiar su teoría sexual, se desmayó durante la conversación. Jung interpretó este desmayo como una resistencia psicosomática ante la amenaza de tener que replantearse sus teorías fundamentales.

La ruptura definitiva entre ambos se produjo en 1913, tras la publicación de *Transformaciones y símbolos de la libido* (posteriormente revisado y renombrado como *Símbolos de transformación*), donde Jung presentaba una visión de la libido radicalmente diferente a la de Freud. Mientras Freud consideraba la libido como energía exclusivamente sexual, Jung la redefinía como energía psíquica general, no necesariamente vinculada a la sexualidad.

En su último encuentro personal, durante el Congreso Psicoanalítico de Múnich en 1912, Freud acusó a Jung de querer destronarlo como figura paterna. Jung, por su parte, se sentía cada vez más frustrado por lo que percibía como dogmatismo de Freud. Eventualmente, ambos dejaron de escribirse, y Jung renunció a la presidencia de la Asociación Psicoanalítica Internacional en 1914.

Aunque dolorosa para ambos, esta separación fue crucial para que Jung desarrollara plenamente sus propias teorías y estableciera su identidad como psicólogo independiente. Años después, recordaría este período como una «enfermedad creativa» que, si bien le causó gran sufrimiento, resultó fundamental para su evolución intelectual y personal.

Vida familiar

En 1903, Jung se casó con Emma Rauschenbach, hija de una adinerada familia industrial suiza. Emma era una mujer inteligente y culta que se convirtió en íntima colaboradora de su marido y mecenas de todos sus proyectos. De este matrimonio nacieron cinco hijos: Agathe, Gret, Franz, Marianne y Helene.

A pesar de la solidez de su unión, que duró hasta la muerte de Emma en 1955, el matrimonio atravesó varias crisis debido a las relaciones extramatrimoniales de Jung. El propio Jung escribió en una carta a Freud: «El prerrequisito de un buen matrimonio es el permiso para ser infiel».

Una de estas relaciones fue con Sabina Spielrein, una psiquiatra y psicoanalista rusa que había sido inicialmente paciente de Jung. La relación con Spielrein, documentada en su correspondencia, comenzó cuando ella era su paciente, lo que hoy se consideraría una grave violación de la ética profesional. Sin embargo, este vínculo evidencia la complejidad de la personalidad de Jung y los límites difusos que caracterizaban la práctica psiquiátrica en sus primeras etapas. Pese a su ruptura romántica, Spielrein se convirtió en una psicoanalista importante por derecho propio, desarrollando conceptos como el instinto de muerte, que más tarde Freud incorporaría a su teoría.

Otra relación significativa fue con Antonia (Toni) Wolff, que también se convirtió en psicoanalista y a quien Jung consideraba como su «segunda esposa». Esta relación duró cerca de cuarenta años (no diez como se decía antes). Lo más extraordinario de esta situación es que Jung, lejos de ocultarla, la integró abiertamente en su vida familiar. Toni Wolff cenaba regularmente con la familia Jung y mantenía una relación cordial, aunque tensa, con Emma. Este extraño arreglo refleja la peculiar visión junguiana de las relaciones humanas, que consideraba podían trascender las convenciones sociales tradicionales en aras de un desarrollo psicológico más completo.

Emma Jung, por su parte, desarrolló su propia carrera como analista y escritora, especializándose en el estudio del Santo Grial y su simbolismo. Aunque vivió a la sombra de su marido, su contribución al desarrollo de la psicología analítica fue significativa, y Jung reconocía en ella a una colaboradora intelectual de gran valor.

El período de «confrontación con el inconsciente»

Tras su separación de Freud, Jung entró en una fase de profunda introspección y exploración de su propio inconsciente, período que describió como su «confrontación con el inconsciente». Durante estos años, que coincidieron con la Primera Guerra Mundial, Jung experimentó con sueños, visiones y fantasías que registró meticulosamente.

Este período fue tan intenso que Jung temió estar al borde de la psicosis. Sus experiencias incluían conversaciones imaginarias con figuras de su inconsciente, visiones apocalípticas y sensaciones de estar habitado por espíritus. Sin embargo, logró mantener suficiente distancia crítica para no ser completamente absorbido por estas experiencias. Más tarde explicaría que la diferencia entre su estado y una psicosis real era su capacidad para voluntariamente entrar y salir de ese mundo interior.

Para Jung, estas experiencias no eran meros delirios, sino manifestaciones de verdades psíquicas profundas. Desarrolló una técnica («imaginación activa»), que consistía en permitir que imágenes y fantasías emergieran libremente a la consciencia, para luego interactuar con ellas de manera dialéctica. Esta técnica se convertiría en una herramienta terapéutica fundamental de la psicología analítica.

Todo ese material formó la base de su obra más personal, *El Libro Rojo* (*Liber Novus*, ver pág. 79), un manuscrito ilustrado que Jung elaboró entre 1914 y 1930. Este libro, que Jung mismo encuadernó en cuero rojo (de ahí su nombre), contiene textos caligráficos e impresionantes ilustraciones realizadas por el propio Jung, que ya se había entrenado en un estilo pictórico inspirado en manuscritos medievales y mandalas orientales.

Jung nunca permitió la publicación de *El Libro Rojo* durante su vida, considerándolo demasiado personal e incomprensible para el público general. Incluso entre sus discípulos más cercanos, pocos tuvieron acceso a esta obra. No fue hasta 2009, casi cincuenta años después de su muerte, cuando finalmente se publicó, generando un renovado interés por la dimensión más espiritual y mística de su pensamiento.

El desarrollo de la Psicología Analítica

A partir de sus experiencias interiores, Jung desarrolló los conceptos fundamentales de lo que denominó «Psicología Analítica» (a veces llamada también «Psicología Compleja» o «Psicología Profunda»). Con este término, buscaba diferenciarse del psicoanálisis freudiano, aunque compartían raíces comunes. Entre sus contribuciones más importantes se encuentran:

● **El inconsciente colectivo:** a diferencia del inconsciente personal descrito por Freud, Jung propuso la existencia de un nivel más profundo de la psique humana, compartido por toda la humanidad y heredado a través de generaciones. Este concepto revolucionario sugiere que todos los seres humanos, independientemente de su cultura o época, comparten un sustrato psíquico común que se manifiesta en sueños, mitos y expresiones artísticas universales.

● **Los arquetipos,** estructuras universales presentes en el inconsciente colectivo que influyen en cómo experimentamos el mundo. Entre ellos se incluyen el *Anima* y *Animus* (cualidades femeninas y masculinas dentro de cada individuo), la *Sombra* (aspectos rechazados de la personalidad), el *Sí-mismo* (totalidad e integración), el *Viejo Sabio*, la *Gran Madre*, el *Niño Divino*, el *Embaucador* y muchos otros. Jung consideraba que estos «patrones» organizan nuestras experiencias y emociones, funcionando como «imágenes primordiales» que dan forma a nuestra manera de percibir y responder al mundo.

● **El proceso de individuación:** el camino psicológico mediante el cual una persona se convierte en un individuo integrado y completo, reconciliando los aspectos conscientes e inconscientes de su personalidad. A diferencia de Freud, que veía la terapia principalmente como un medio para aliviar síntomas neuróticos, Jung la consideraba un proceso de transformación que conduce al descubrimiento del verdadero Sí-mismo. La individuación implica reconciliarse con la Sombra, integrar el Anima o Animus, y finalmente alcanzar una relación consciente con el Sí-mismo, el centro regulador de la psique total.

● **La sincronicidad:** principio que sugiere la existencia de conexiones significativas entre eventos que no tienen relación causal aparente. Jung desarrolló este concepto en colaboración con el físico Wolfgang Pauli, proponiendo que, además de la causalidad, existe otro principio organizador en el universo basado en el significado y no en la causa-efecto. Las experiencias sincrónicas (como pensar en alguien justo antes de recibir su llamada) son, según Jung, manifestaciones de una conexión profunda entre la psique y el mundo físico.

● **Tipología psicológica:** Jung identificó dos actitudes básicas (introversión y extroversión) y cuatro funciones psicológicas (pensamiento, sentimiento, sensación e intuición), que combinadas dan lugar a ocho tipos psicológicos distintos. Este sistema se desarrollaría posteriormente (el indicador Myers-Briggs), ampliamente utilizado en psicología organizacional, y serviría como precursor de muchas teorías contemporáneas sobre personalidad.

● **Complejos:** grupos de ideas o imágenes emocionalmente cargadas que se organizan alrededor de un núcleo arquetípico. Los complejos se forman a partir de experiencias traumáticas o significativas y pueden influir poderosamente en nuestro comportamiento sin que seamos conscientes de ello. Jung describía los complejos como «personalidades parciales» con cierta autonomía dentro de la psique. Su originalidad radica en considerar que los complejos no son simplemente patológicos, sino componentes normales de la vida psíquica que se vuelven problemáticos solo cuando están disociados de la consciencia.

El estudio de las religiones y la espiritualidad

Una de las áreas donde Jung más se diferenció de Freud fue en su aproximación a la religión y la espiritualidad. Mientras Freud veía la religión como una «neurosis colectiva» o una «ilusión» que debía ser superada mediante el pensamiento racional, Jung la consideraba una expresión legítima y valiosa de la psique humana.

Para Jung, las experiencias religiosas son manifestaciones del inconsciente colectivo y los símbolos religiosos representan «imágenes primordiales» o arquetipos que emergen de las profundidades de la psique. En obras como *Psicología y religión* (1938) y *Respuesta a Job* (1952), exploró la dimensión psicológica de diversas tradiciones religiosas, desde el cristianismo hasta el budismo y el taoísmo.

Su interés por las tradiciones espirituales de Oriente fue otro rasgo distintivo. Jung viajó a la India en 1938 y mantuvo correspondencia con maestros espirituales como D.T. Suzuki*. Encontró especial afinidad con el budismo tibetano y el taoísmo chino, cuyos conceptos de integración de opuestos resonaban con su propia teoría de la individuación.

Un aspecto sorprendente fue su interés por la alquimia medieval, que estudió exhaustivamente en la última etapa de su vida. Jung interpretó los procesos alquímicos no como intentos primitivos de transformar metales en oro, sino como proyecciones simbólicas del proceso de transformación psíquica. En obras como *Psicología y alquimia* (1944) y *Mysterium Coniunctionis* (1955-56) explorará estos paralelismos, contribuyendo a recuperar una tradición olvidada y menospreciada.

---

* Más información en *D.T. Suzuki y el Zen*, de Einar Nord, publicado por esta misma editorial.

Los últimos años

Hacia el final de su vida, Jung continuó explorando temas como la alquimia, la gnosis, la religión comparada y la mitología, buscando paralelismos entre estos sistemas simbólicos y los procesos psicológicos profundos.

En 1944, a los 68 años, Jung sufrió un grave infarto que lo dejó al borde de la muerte. Durante su convalecencia, experimentó visiones místicas que describió como un «matrimonio con el cosmos». Esta experiencia cercana a la muerte reforzó su convicción de que la psique trasciende los límites de la consciencia individual y está conectada con dimensiones más amplias de la existencia.

Su relación con el régimen nazi ha sido objeto de controversia. Jung presidió la Sociedad Internacional de Psicoanálisis después de la exclusión forzada de psicoanalistas judíos, incluido Freud, debido a las políticas antisemitas en Alemania. Algunos críticos han cuestionado su postura durante este período.

Jung negó simpatizar con la ideología nazi y sus escritos posteriores reflejaron una clara oposición al régimen. Esta sigue siendo, como decimos, una de las áreas más controvertidas de su biografía, con opiniones divididas entre quienes lo consideran un oportunista que se benefició del antisemitismo reinante y quienes ven en él a alguien que simplemente intentaba mantener vivo el movimiento psicoanalítico en circunstancias extremadamente difíciles.

Se sabe que en 1942 Jung estableció contacto con Allen Dulles, miembro de la OSS (precursora de la CIA), proporcionando análisis psicológicos de líderes nazis que resultaron útiles para la inteligencia estadounidense. Este episodio poco conocido muestra otra faceta de Jung: su capacidad para aplicar sus conocimientos psicológicos a cuestiones geopolíticas.

Carl Gustav Jung falleció el 6 de junio de 1961 en su casa de Küsnacht, Suiza, tras sufrir una embolia cerebral que le produjo una hemiplejia. Según se cuenta, en el momento exacto de su muerte, un rayo impactó en un árbol del jardín de su casa, bajo cuya sombra solía sentarse a leer. Está enterrado junto a su esposa Emma en el cementerio de Küsnacht.

El legado

La obra de Jung trasciende ampliamente el campo de la psicología clínica. Sus teorías han influido en numerosas disciplinas, desde la antropología y los estudios religiosos hasta la literatura, el cine y el arte. Escritores como Hermann Hesse (algunas de sus novelas, como *Demian*, están fuertemente influenciada por las ideas junguianas), cineastas como Federico Fellini (quien se sometió a un análisis junguiano) y artistas como Jackson Pollock reconocieron la influencia de Jung en sus obras.

Y en el ámbito académico, la teoría del «viaje del héroe» de Joseph Campbell deriva directamente de los arquetipos junguianos. Pero también Mircea Eliade en el estudio comparado de religiones, y James Hillman (fundador de la psicología arquetípica), han desarrollado parte de su pensamiento.

El Instituto C.G. Jung de Zúrich, fundado en 1948, continúa difundiendo su obra y formando analistas junguianos de todo el mundo. Existen además sociedades junguianas en numerosos países: organizan conferencias, programas de formación y publicaciones especializadas.

CAPÍTULO 3

¿Qué es el inconsciente colectivo (y personal)?

«Quien mira hacia afuera, sueña; quien mira hacia adentro, despierta.»
C.G. JUNG

Una revolucionaria concepción del inconsciente

En la psicología moderna, pocas ideas han sido tan revolucionarias y a la vez tan debatidas como la concepción del inconsciente propuesta por Carl Gustav Jung. Mientras que el concepto mismo de «inconsciente» no fue una invención de Jung (ya había sido explorado por filósofos como Eduard von Hartmann, médicos como Pierre Janet y, por descontado, desarrollado ampliamente por Sigmund Freud), la visión junguiana expandió radicalmente sus dimensiones y repercusiones para la comprensión de la psique humana.

Para Jung, el inconsciente no era simplemente un depósito de recuerdos reprimidos o deseos inaceptables como lo presentaba Freud, sino un vasto territorio dinámico con múltiples capas y funciones, incluyendo fuerzas creativas, potencial de sanación y crecimiento, y conexiones con un sustrato psíquico compartido por toda la humanidad. Esta visión amplia y multidimensional es uno de los pilares esenciales de la psicología analítica junguiana.

La psique según Jung

Antes de profundizar en el inconsciente conviene comprender la visión junguiana de la estructura de la psique. Jung concebía la psique humana como un sistema energético complejo y autorregulado, compuesto por varias capas o dimensiones que interactúan constantemente:

1. La consciencia: la parte de la psique de la que somos directamente conscientes, dominada por el «yo» o ego como centro de la identidad personal. Es solo la «punta del iceberg» de nuestro ser psíquico total.

2. El inconsciente personal: aquella parte de la psique que contiene experiencias que han sido reprimidas, olvidadas o sublimadas, pero que potencialmente pueden volverse conscientes.

3. El inconsciente colectivo: el estrato más profundo y universal de la psique, compartido por todos los seres humanos y que trasciende las experiencias individuales.

4. El Sí-mismo (Self): el arquetipo central que representa la totalidad y el potencial completo de la psique, incluyendo tanto sus aspectos conscientes como inconscientes. Es el objetivo final del proceso de individuación.

Para Jung, estas dimensiones no existen como entidades separadas, sino que conforman un continuum energético donde los contenidos pueden fluir de una zona a otra. Toda la psique opera según los principios de compensación y complementariedad, buscando constantemente el equilibrio dinámico entre estas diferentes instancias.

EL INCONSCIENTE PERSONAL: LA SOMBRA Y LOS COMPLEJOS

El inconsciente personal es la capa del inconsciente más cercana a la consciencia y representa el material psíquico que pertenece exclusivamente a la persona. Está formado por:

● **Percepciones subliminales:** Estímulos que hemos percibido pero que no han alcanzado el umbral de la consciencia.
● **Recuerdos olvidados:** Experiencias que alguna vez fueron conscientes pero han sido olvidadas.
● **Contenidos reprimidos:** Pensamientos, sentimientos o deseos que han sido activamente excluidos de la consciencia por resultar amenazantes o inaceptables para el ego.

Dentro del inconsciente personal, Jung identificó dos estructuras de particular importancia:

La sombra
La sombra representa el lado oscuro de la personalidad, aquellos aspectos del ser que la persona ha rechazado o negado como parte de sí misma. Incluye tendencias, deseos e impulsos que consideramos moralmente inferiores, socialmente inaceptables o incompatibles con nuestra autoimagen idealizada. Lo explica Jung: «la sombra es aquello que

una persona no quiere ser. Todo el mundo lleva una sombra, y cuanto menos esté encarnada en la vida consciente del individuo, tanto más negra y densa es.»

Lo crucial en la comprensión junguiana de la sombra es que no contiene solo elementos negativos. Al rechazar aspectos que consideramos inaceptables, también reprimimos cualidades positivas y potenciales creativos que podrían enriquecer nuestra personalidad. Por ejemplo, una persona excesivamente disciplinada y rígida puede haber reprimido su espontaneidad y capacidad de disfrute, relegándolas a la sombra.

La integración de la sombra es un paso fundamental en el proceso de individuación. Esta integración no implica «actuar» los impulsos oscuros, sino reconocerlos como propios, comprender su origen y transformar su energía en formas constructivas. Jung sostenía que quienes no logran reconocer y trabajar con su sombra tienden a proyectarla en otros, percibiendo en ellos las cualidades rechazadas en sí mismos y generando conflictos interpersonales.

Los complejos

Los complejos son seguramente uno de los conceptos más conocidos de la teoría junguiana que han pasado al lenguaje común, aunque a menudo de forma simplificada. Jung los definía como «grupos de contenidos psíquicos cargados de afecto que se han separado de la consciencia debido a traumas, conflictos morales incompatibles u otras razones.»

Un complejo se forma cuando hay experiencias con una fuerte carga emocional que se agrupan alrededor de un núcleo arquetípico. Este núcleo actúa como un imán que atrae y organiza experiencias similares, creando una especie de «personalidad parcial» dentro de la psique.

Jung llegó a este concepto a través de sus experimentos con el test de asociación de palabras, donde observó que ciertas palabras-estímulo provocaban respuestas anómalas (tiempos de reacción más largos, respuestas inusuales, síntomas físicos) cuando tocaban un tema emocionalmente cargado para la persona.

Los complejos no son inherentemente patológicos. De hecho, Jung consideraba que todos tenemos complejos y que estos forman parte normal de la estructura psíquica. Se vuelven problemáticos solo cuando son completamente inconscientes y dominan el comportamiento sin que la persona lo perciba. Algunos ejemplos:

● **Complejo materno:** Organizado alrededor del arquetipo de la madre, puede manifestarse como dependencia excesiva, rechazo a figuras maternas o dificultad para establecer relaciones íntimas.

● **Complejo paterno:** Centrado en el arquetipo del padre, puede expresarse como problemas con la autoridad, dificultad para asumir responsabilidades o necesidad excesiva de logro y reconocimiento.

● **Complejo de inferioridad:** Relacionado con sentimientos profundos de inadecuación personal que pueden compensarse con comportamientos de superioridad o perfeccionismo.

Para Jung, el trabajo terapéutico implica hacer conscientes estos complejos, comprender su origen y significado, e integrarlos gradualmente en la personalidad consciente.

EL INCONSCIENTE COLECTIVO: LA HERENCIA PSÍQUICA DE LA HUMANIDAD

El concepto más original y controvertido de la teoría junguiana es, sin duda, el del inconsciente colectivo. Jung lo describió como «una parte de la psique que puede distinguirse de un inconsciente personal por el hecho de que no debe su existencia a la experiencia personal (...) es idéntico a sí mismo en todos los hombres y constituye así un fundamento anímico de naturaleza suprapersonal existente en todo hombre.»

Esta idea representa una ruptura fundamental con la concepción freudiana, que veía el inconsciente principalmente como un producto de la represión individual. Para Jung, el inconsciente colectivo es innato, universal y está formado por patrones de comportamiento y percepción que hemos heredado de nuestros antepasados a lo largo de la evolución de la especie humana.

Los arquetipos, estructuras del inconsciente colectivo

Estos contenidos del inconsciente colectivo son lo que Jung denominó «arquetipos», patrones universales que organizan nuestra experiencia psíquica: «los arquetipos son formas típicas de conducta que, cuando llegan a ser conscientes, se manifiestan como representaciones, como ocurre con todo lo que llega a la consciencia.»

Los arquetipos no son imágenes o ideas específicas, sino tendencias o disposiciones a experimentar y representar situaciones básicas de determinadas maneras. El arquetipo en sí mismo es irrepresentable, una estructura vacía, pero se manifiesta en imágenes *arquetípicas* concretas, que pueden variar según la cultura y la experiencia individual.

Por ejemplo, el arquetipo de la «madre» no es una imagen específica, sino una disposición innata a experimentar y relacionarse con lo «materno». Este arquetipo puede manifestarse en diversas imágenes: la madre biológica, la Virgen María, la Madre Tierra, una diosa de la fertilidad, etc. Todas ellas son expresiones culturales concretas del mismo patrón arquetípico subyacente.

Entre los principales arquetipos identificados por Jung se encuentran:

- *La Persona:* la máscara social, la faceta que presentamos al mundo externo.
- *La Sombra:* los aspectos negados del ser, como ya hemos comentado.
- *El Anima/Animus:* el aspecto femenino en el hombre y el masculino en la mujer.
- *El Sí-mismo (Self):* la totalidad psíquica y el centro organizador de la personalidad.
- *El Viejo Sabio:* la representación de la sabiduría, el conocimiento y la reflexión.
- *La Gran Madre:* aspectos nutridores y destructivos de lo femenino.
- *El Héroe:* el patrón de transformación y superación personal.
- *El Niño:* simboliza el potencial futuro, la inocencia y la renovación.
- *El Embaucador:* representa el caos creativo, la subversión y la transformación.

Jung consideraba que el inconsciente colectivo podría tener una función evolutiva crucial para nuestra especie. Al proporcionar patrones para lidiar con situaciones universales de la vida (el encuentro con el sexo opuesto, la relación con los padres, la confrontación con peligros, etc.), estos patrones habrían ayudado a los humanos a adaptarse más rápidamente a su entorno y situaciones vitales.

MANIFESTACIONES DEL INCONSCIENTE EN LA VIDA COTIDIANA

El inconsciente, tanto personal como colectivo, no opera solo en los sueños o estados alterados, sino que impregna constantemente nuestra vida cotidiana. Jung identificó numerosas manifestaciones, como éstas:

Proyecciones. Las proyecciones ocurren cuando atribuimos a otras personas o situaciones características que en realidad pertenecen a nuestro propio inconsciente:

● *Proyección de la Sombra.* Cuando percibimos intensamente en otros los defectos que no reconocemos en nosotros mismos.

● *Proyección del Anima/Animus.* Cuando los hombres proyectan su imagen interna de lo femenino en mujeres reales (y viceversa), idealizándolas o demonizándolas.

● *Proyecciones arquetípicas.* Cuando vemos en figuras públicas atributos sobrehumanos (héroe, sabio, gran madre) que reflejan nuestras propias necesidades psíquicas.

Jung consideraba que reconocer nuestras proyecciones es un paso esencial en el desarrollo psicológico.

Sincronicidad. Este principio, que Jung desarrolló en colaboración con el físico Wolfgang Pauli, describe coincidencias significativas entre eventos psíquicos y físicos que no parecen tener conexión causal. Jung veía estos eventos como manifestaciones de la interacción entre el inconsciente colectivo y el mundo físico.

Un ejemplo clásico proviene de la práctica clínica de Jung: una paciente le relataba un sueño sobre un escarabajo dorado, y en ese preciso momento un escarabajo real (*Cetonia aurata*) golpeó contra la ventana del consultorio. Para Jung, estas coincidencias revelan una «relatividad del tiempo y el espacio» en relación con la psique.

EL INCONSCIENTE COLECTIVO EN LA SOCIEDAD Y LA CULTURA

Las ideas de Jung sobre el inconsciente colectivo tienen profundas implicaciones que trascienden la psicología individual:

Comprender los fenómenos sociales. Jung aplicó su teoría del inconsciente colectivo para analizar fenómenos sociales como el nazismo, interpretándolo como una «posesión» colectiva por el arquetipo de Wotan, una antigua deidad germánica asociada con la furia extática y la guerra. Esta perspectiva le permitió comprender cómo sociedades enteras pueden ser arrastradas por fuerzas arquetípicas inconscientes. «No son los individuos los responsables del fascismo, sino cada uno de nosotros... Todo el mundo participa del error colectivo del que nadie puede escapar.»

En este sentido, Jung advertía sobre los peligros de la «psicología de masas» moderna, donde los individuos pueden perder su consciencia crítica y ser dominados por energías arquetípicas primitivas, como ocurrió en los movimientos totalitarios del siglo xx.

Relevancia contemporánea. Aunque formulada hace casi un siglo, la teoría junguiana del inconsciente colectivo continúa ofreciendo, entre otras explicaciones, una serie de perspectivas sobre fenómenos actuales, como la fascinación popular por historias mitológicas (desde *El Señor de los Anillos* hasta la saga de *Star Wars*).

LAS CRÍTICAS

La teoría junguiana del inconsciente colectivo ha sido objeto de numerosas críticas desde diferentes perspectivas:

Críticas científicas. La neurociencia contemporánea cuestiona la posibilidad de una transmisión genética de imágenes o patrones psíquicos específicos. Sin embargo, algunos desarrollos en epigenética y psicología evolutiva podrían ofrecer nuevos marcos para entender cómo podrían transmitirse predisposiciones a experimentar ciertos patrones emocionales o cognitivos.

Jung mismo reconocía estas limitaciones y enfatizaba que sus ideas sobre el inconsciente colectivo eran modelos de trabajo basados en observaciones clínicas, no explicaciones definitivas: «No pretendo saber cómo surge el inconsciente colectivo. Solo observo que existe y que funciona.»

Críticas culturales. Diversos antropólogos y comentaristas teóricos posmodernos han cuestionado la universalidad de los arquetipos junguianos, sugiriendo que pueden reflejar sesgos culturales occidentales presentados como universales humanos. Sobre todo en conceptos como *Anima* y *Animus* (reflejarían concepciones de género históricamente específicas más que verdades psicológicas universales).

En resumen: Jung y el inconsciente

La visión junguiana, con su distinción entre niveles personales y colectivos, representa una significativa amplitud en nuestra comprensión de la psique humana. Lejos de ser simplemente un depósito de material reprimido, el inconsciente emerge así como un territorio vasto y creativo, fuente tanto de patologías como de potenciales transformadores.

Jung nos ofreció un marco para comprender las conexiones profundas que vinculan a todos los seres humanos más allá de diferencias culturales e históricas. Esta visión tiene profundas implicaciones éticas, sugiriendo una base psicológica para la solidaridad humana universal.

Quizás el aspecto más valioso del legado junguiano sea su invitación a una relación más equilibrada con el inconsciente. Ni demonizándolo como fuente de impulsos peligrosos que deben ser controlados, ni idealizándolo como poseedor de una sabiduría sobrehumana. Jung nos propone una «vía media», un diálogo respetuoso entre consciencia e inconsciente que permite la emergencia de nuevas posibilidades de ser.

En un mundo contemporáneo marcado por la fragmentación psíquica, social y cultural, esta visión integradora de la psique humana sigue ofreciendo herramientas valiosas para la comprensión de nosotros mismos y de nuestra conexión con los demás.

CAPÍTULO 4

Viaje al interior de uno mismo

«La personalidad de un individuo solo puede desarrollarse cuando elige su propio camino consciente y voluntariamente.»
C.G. JUNG

El proceso de individuación, idea central de la psicología junguiana

De todos los conceptos desarrollados por Carl Gustav Jung, seguramente ninguno captura tan completamente la esencia de su visión psicológica como el de «individuación». Este término, que Jung extrajo de la filosofía y redefinió para su psicología analítica, describe nada menos que el propósito central del desarrollo psicológico humano: convertirnos en personas completas e integrales. «Individuación significa convertirse en un ser único y homogéneo, y, en cuanto podríamos también decir "individualidad", significa llegar a ser uno mismo.»

Así es como Jung explica un proceso que trasciende la mera adaptación social o el alivio de síntomas neuróticos para adentrarse en algo más profundo: la realización del potencial único que alberga cada ser humano. La individuación representa el camino hacia la plenitud psicológica, un camino que el propio Jung recorrió intensamente durante su «confrontación con el inconsciente» y que documentó en su obra más radical, *El Libro Rojo* (ver pág. 79).

En este capítulo veremos las dimensiones, etapas y manifestaciones de este proceso transformador, tanto el lado teórico como sus implicaciones prácticas en la vida cotidiana y el desarrollo psicológico.

Raíces históricas y filosóficas de la individuación

La «individuación» no fue una invención de Jung. Como muchas de sus ideas y conceptos, tiene raíces en la tradición filosófica occidental. En la filosofía medieval, sobre todo en el pensamiento escolástico, el *principium individuationis* (principio de individuación) describía aquello que hace que una entidad sea única y distinta de otras de su misma especie.

En la filosofía de Schopenhauer, la individuación representa la fragmentación de la voluntad universal en entidades separadas, una condición que genera sufrimiento.

Y en el pensamiento de Nietzsche, que influenció profundamente a Jung, la individuación aparece relacionada con la tensión entre las fuerzas apolíneas (individualizadoras) y dionisíacas (disolutivas) en la cultura occidental.

Jung reconoció estas influencias, que él transformó para darles un significado específicamente psicológico, relacionado con el desarrollo de la personalidad total.

EL SÍ-MISMO Y LA INDIVIDUACIÓN

Jung definió el Sí-mismo (Self) como «el arquetipo central de la totalidad, que trasciende al ego y abarca tanto lo consciente como lo inconsciente.»

A diferencia del ego (el centro de la consciencia), el Sí-mismo representa el centro de la personalidad total, incluyendo todas sus dimensiones conscientes e inconscientes. Y se expresa a través de símbolos universales que aparecen en sueños, fantasías, mitos y arte religioso:

- **Mandalas:** figuras circulares con un centro definido, simetría y patrones que se extienden desde el centro hacia la periferia. Jung encontró estas imágenes en diversas tradiciones espirituales y en los sueños y producciones artísticas espontáneas de sus pacientes.
- **Cuaternidades:** estructuras de cuatro elementos que forman una totalidad (cuatro puntos cardinales, cuatro elementos, etc.).
- **Figuras divinas o reales:** representaciones de Cristo, Buda, reyes o reinas míticos, que simbolizan la totalidad y perfección.
- **Símbolos de conjunción:** imágenes que unen opuestos, como el hieros gamos (matrimonio sagrado) o la unión alquímica de elementos contrarios.
- **Niño divino:** símbolo de novedad, potencial futuro y totalidad en germen.

Jung documentó cómo estos símbolos emergían espontáneamente durante crisis psicológicas, señalando el intento natural de la psique por alcanzar un nuevo estado de equilibrio centrado en el Sí-mismo más que en el ego.

Las etapas del proceso de individuación

Aunque Jung resistía la tentación de esquematizar rígidamente el proceso de individuación, reconociendo su carácter único en cada individuo, sí identificó ciertas etapas o confrontaciones arquetípicas que suelen presentarse en este camino.

1. La persona y la confrontación con el mundo social. «La persona es aquello que uno no es en realidad, pero que uno mismo y los demás piensan que es.» Es decir, reconocer la diferencia entre quiénes somos realmente y nuestros roles sociales. Además, ser menos rígidos y descubrir aspectos auténticos del ser que han sido sacrificados por la adaptación social.

Esta fase suele asociarse con la «crisis de la mitad de la vida» (entre 35-45 años), cuando muchas personas se cuestionan identidades construidas principalmente en torno a roles sociales y profesionales.

2. La sombra y la confrontación con aspectos rechazados. La siguiente etapa crucial involucra el encuentro con la «sombra», el conjunto de cualidades, deseos e impulsos que hemos negado o reprimido por considerarlos inaceptables. «La sombra es aquella personalidad oculta, reprimida, frecuentemente inferior y culpable, cuyos ramales más extremos se hunden en el reino de nuestros antepasados animales.»

Integrar la sombra implica:
- Reconocer proyecciones (ver en otros lo que negamos en nosotros mismos).
- Aceptar aspectos rechazados sin necesariamente actuarlos.
- Transformar la energía de la sombra en formas constructivas.

• Desarrollar humildad al reconocer nuestra propia imperfección.

Jung consideraba este paso especialmente difícil porque confronta directamente nuestra autoimagen idealizada; pero también liberador, ya que la energía antes gastada en reprimir la sombra queda disponible para el desarrollo creativo.

3. El ánima/animus y la confrontación con la contrasexualidad. Una de las contribuciones más originales de Jung es su teoría sobre el ánima y el animus, las imágenes arquetípicas de lo femenino en el hombre y lo masculino en la mujer, respectivamente:

«Todo hombre lleva dentro de sí una imagen eterna de la mujer, no la imagen de esta o aquella mujer en particular, sino una imagen femenina definida... Lo mismo ocurre con la mujer, que también posee una imagen innata del hombre.» Estas figuras internas, formadas inicialmente por nuestras experiencias con el sexo opuesto (especialmente los padres), funcionan como intermediarias entre la consciencia y el inconsciente colectivo.

Integrarlas significa reconocer proyecciones románticas o eróticas como expresiones de nuestro ánima/animus... y diferenciar gradualmente estas imágenes internas de personas reales externas.

Desarrollar también cualidades psicológicas asociadas tradicionalmente con el sexo opuesto, y establecer una relación consciente con esos aspectos internos.

Hoy, diversos analistas post-junguianos han reformulado estas ideas para adaptarlas a las actuales ideas fluidas de género y sexualidad.

Jung describió cuatro etapas en la evolución del ánima, desde figuras primitivas puramente instintivas hasta una sabiduría espiritual profunda (simbolizada por figuras como Sofía o la Sapientia).

4. El encuentro con el arquetipo del significado. Más allá de la integración de la sombra y el ánima/animus, Jung identificaba un encuentro con lo que a veces llamaba el «Viejo Sabio» o la «Gran Madre», arquetipos que representan el significado y la sabiduría transpersonal: «al igual que el ánima representa la relación erótica, el viejo sabio representa el significado.»

5. La realización del Sí-mismo. La culminación del proceso de individuación es el encuentro consciente con el Sí-mismo y la reorganización de la personalidad en torno a este nuevo centro:

«El objetivo de la individuación no es otro que el de despojar al sí-mismo de los falsos ropajes de la persona, así como del poder sugestivo de las imágenes primordiales.»

LA INDIVIDUACIÓN EN DIFERENTES ETAPAS DE LA VIDA

Infancia y adolescencia: formación del ego. Jung consideraba prematuro enfocarse en la individuación profunda durante este período, ya que primero es necesario construir una identidad coherente.

Primera edad adulta: establecimiento en el mundo (hasta mediados de los 30 años). Continúa la adaptación al mundo externo a través del desarrollo profesional, formación de relaciones íntimas y participación social. La energía psíquica se orienta principalmente hacia afuera.

Segunda mitad de la vida: individuación. Jung consideraba que alrededor de los 40 años ocurre un punto de inflexión crucial: «Podemos considerar la primera mitad de la vida como preparación para el juego de la vida; la segunda mitad, el juego mismo.»

Vejez: preparación para la trascendencia. En las últimas etapas de la vida, Jung observaba un natural desapego de identificaciones mundanas y una preparación psicológica para la muerte. Esta etapa puede caracterizarse por:

- Síntesis e integración de la experiencia vital completa.
- Transmisión de sabiduría a generaciones más jóvenes.
- Aceptación de limitaciones y pérdidas inevitables.
- Desarrollo de una actitud contemplativa hacia la existencia.

Jung no veía estas etapas como automáticas o inevitables; dependen de la actitud consciente de la persona hacia su propio desarrollo.

EL PROCESO DE INDIVIDUACIÓN

Manifestaciones en los sueños y fantasías. Los sueños proporcionan una ventana privilegiada al proceso de individuación, revelando su evolución a través de cambios en las imágenes oníricas. Los veremos en el cap. 6 (pág. 69). Jung dedicó especial atención a las «series de sueños», observando cómo desarrollan temas a lo largo del tiempo y gradualmente conducen hacia la integración.

En la creatividad artística. El proceso de individuación frecuentemente se expresa y cataliza a través de la creatividad artística. Jung estudió extensamente la obra de artistas, escritores y músicos, observando cómo su evolución artística reflejaba su desarrollo psicológico.

Hemos citado la evolución artística de Picasso, desde sus períodos azul y rosa, pasando por el cubismo, hasta sus obras tardías. Junto a ella, el desarrollo literario de Hermann Hesse (*Demian*, *El lobo estepario*, *El juego de los abalorios*). También observa este proceso en la transformación estilística de compositores como Beethoven o Wagner.

En relaciones interpersonales. La individuación transforma profundamente cómo nos relacionamos con los demás, tanto en lo personal como en la vida colectiva y social.

Herramientas para este proceso de individuación

Jung desarrolló y recomendó diversas prácticas para facilitar el proceso de individuación. Además del trabajo con los sueños, diferente del método freudiano de libre asociación, Jung desarrolló la técnica de «imaginación activa» para establecer diálogo directo con el inconsciente en estado de vigilia. «Por imaginación activa entiendo una secuencia de fantasías provocadas por la concentración deliberada... Las figuras que aparecen son tratadas como si fueran reales.»

Dibujar, pintar, esculpir, escribir o realizar otras formas de expresión creativa puede facilitar la emergencia e integración de contenidos inconscientes:

«Con frecuencia, las manos saben cómo resolver un enigma con el que el intelecto ha luchado en vano.»

OBSTÁCULOS Y PELIGROS EN EL CAMINO

Jung reconocía que el proceso de individuación no es un camino fácil o libre de riesgos. Uno de los mayores peligros es la «inflación psíquica», donde el ego se identifica con contenidos arquetípicos, experimentándose a sí mismo como extraordinario o trascendente. Esta condición puede manifestarse en forma de fantasías de grandeza o misión especial, o experimentarse como un iluminado o salvador.

Todo eso es bastante común en las etapas iniciales del encuentro con el inconsciente y requiere equilibrarlo a través de la humildad, el sentido del humor y una mejor conexión con la realidad cotidiana.

Desorientación. El encuentro con el inconsciente suele desestabilizar los sistemas anteriores de valores y significados, provocando períodos de intensa confusión existencial. «Así como el alquimista soportaba conscientemente los sufrimientos del *opus alchymicum*, el individuo debe soportar el caos de la transformación.»

Durante estos períodos, que Jung comparaba con el estadio alquímico de la *nigredo* (ennegrecimiento), puede experimentarse pérdida de propósito y dirección vital, crisis de fe o en los sistemas de creencias y sensación de alienación

Rituales y prácticas simbólicas

Jung valoraba el poder de los rituales para facilitar transiciones psicológicas. «El hombre necesita del ritual en la misma medida en que necesita del aire para respirar.» Citaba algunas prácticas simbólicas:
• Crear altares o espacios que representen aspectos del proceso interior.
• Desarrollar rituales personales para marcar transiciones vitales.
• Participar conscientemente en rituales colectivos (religiosos o seculares).
• Crear o interactuar con objetos simbólicos significativos.
Estas prácticas ayudan a encarnar el proceso de individuación, llevándolo más allá del entendimiento intelectual hacia la experiencia vivida.

respecto a roles sociales anteriores. Puede haber asimismo cierta depresión existencial.

Jung consideraba estas crisis como parte necesaria del proceso, «la noche oscura del alma» que precede a la reorganización psíquica.

Peligros de desintegración psíquica. Para personalidades vulnerables, especialmente aquellas con fronteras del ego frágiles, el encuentro con material inconsciente profundo puede resultar abrumador: «No todos pueden soportar una experiencia inmediata. Es mucho más peligrosa de lo que podríamos suponer.» Jung recomendaba cautela, especialmente con técnicas como la imaginación activa. Por eso es conveniente trabajar con un terapeuta experimentado.

Evasión de responsabilidades externas. El proceso de individuación puede ser malinterpretado como una justificación para evitar compromisos y responsabilidades mundanas. Jung criticaba a quienes utilizaban la espiritualidad o el desarrollo interior como excusa para abandonar responsabilidades familiares, o escapar de compromisos comunitarios. En definitiva, de evitar el trabajo significativo en el mundo. E insistía en que la verdadera individuación integra lo espiritual con lo material, lo interior con lo exterior, lo individual con lo colectivo.

La individuación en el mundo contemporáneo. A pesar de haber sido formulado hace casi un siglo, el concepto junguiano de individuación mantiene todavía una relevancia sorprendente en la actualidad. En momentos de identidades prefabricadas e hiperconsumo, ofrece un camino hacia la autenticidad personal.

La búsqueda de significado, autenticidad e integridad personal permanece tanto o más urgente hoy como en tiempos de Jung.

Después de Jung

Diversos analistas contemporáneos han desarrollado y reformulado el concepto de individuación para responder a realidades actuales:

● **James Hillman** y la Psicología Arquetípica: Desplazó el énfasis desde la integración personal hacia una «psicología de alma» basada en imágenes y metáforas, menos centrada en el ego.

● **Marion Woodman:** Exploró la individuación femenina y su relación con trastornos alimentarios, adicciones y el cuerpo como vehículo de transformación.

● **Robert Johnson:** Popularizó la aplicación de principios junguianos a la vida cotidiana a través de sus interpretaciones de mitos como guías para el desarrollo personal.

● **Jean Shinoda Bolen:** Utilizó arquetipos de dioses y diosas para iluminar patrones de desarrollo psicológico, especialmente en mujeres.

¿Y en la psicoterapia contemporánea?

El concepto de individuación ha influido también en numerosas corrientes psicoterapéuticas, más allá del análisis junguiano estricto:

● **Psicología Transpersonal** (Stanislav Grof, Ken Wilber): la visión junguiana en el desarrollo de ámbitos espirituales y transpersonales.

● **Psicoterapia Existencial** (Irvin Yalom, Rollo May): énfasis en el significado y la autenticidad.

● **Psicosíntesis** (Roberto Assagioli): integra aspectos junguianos con técnicas de meditación y visualización.

● **Terapias somáticas** (Arnold Mindell, Pat Ogden): la sabiduría y expresión del cuerpo.

● **Terapias de trauma:** Aunque desarrolladas independientemente, estas aproximaciones resuenan con la visión junguiana de integrar material disociado a la consciencia.

Críticas actuales

La idea de individuación no ha estado exenta de críticas:

● **Crítica feminista:** algunas teóricas feministas han cuestionado la visión del Anima/Animus de la teoría junguiana, como reflejo de estereotipos de género.

● **Otros**, desde posiciones más materialistas, argumentan que Jung enfatiza la transformación individual a expensas del cambio social y político.

● **Neurociencias:** algunos neurocientíficos cuestionan la base biológica del inconsciente colectivo, aunque hay paralelismos con la idea de «memoria filogenética».

● **Postmodernidad:** en estos momentos se cuestiona la noción junguiana de un «sí-mismo» unificado y estable, prefiriendo conceptualizar la identidad como fluida, fragmentada y construida socialmente.

Finalmente, algunos críticos señalan el sesgo eurocéntrico en el universo junguiano de la individuación (cuestionan que sea aplicable a todas las culturas).

De todas formas, diversos analistas junguianos actuales han respondido a estas críticas integrando perspectivas feministas, multiculturales y sociopolíticas en la comprensión de la individuación.

La individuación, un viaje vital

El proceso de individuación representa el aporte más distintivo y perdurable de Jung a la comprensión del desarrollo humano. A diferencia de otras teorías psicológicas centradas en la adaptación social, el alivio de síntomas o el funcionamiento cognitivo, la visión junguiana ofrece una

¿Qué es la memoria filogenética?

Se habla de tres tipos de memoria: memoria sensorial, memoria de trabajo y memoria a largo plazo. En otro sentido, memoria «filogenética» es el tipo de memoria que compartimos todos al nacer. Se trata de circuitos neuronales formados durante el desarrollo embrionario, que están condicionados por el genoma y producen comportamientos específicos.

perspectiva profundamente transformadora sobre el potencial humano.

Como Jung afirmó:

«El verdadero propósito del ser humano parece ser el desarrollo de la consciencia. Esta es la única cualidad en que hemos progresado más allá de nuestros antepasados los animales, y por lo tanto, el principio de cualquier psicología realmente humana.»

CAPÍTULO 5

Arquetipos: la cartografía del inconsciente colectivo

«Los arquetipos son como cauces secos de ríos que el agua ha esculpido en la roca durante muchísimo tiempo. Cuanto más ha fluido el agua por esos canales, más profundos se han hecho y con mayor probabilidad volverá a fluir por ellos el agua en el futuro.»

C.G. JUNG

Entre las múltiples contribuciones de Carl Gustav Jung a la psicología profunda, la teoría de los arquetipos ocupa un lugar central, y constituye seguramente su aportación más distintiva y revolucionaria. Los arquetipos representan, en esencia, la culminación de la búsqueda junguiana por comprender los patrones universales que estructuran la experiencia humana más allá de las diferencias culturales, históricas o individuales.

¿Qué es un arquetipo?

La noción de arquetipo es a la vez simple y profundamente compleja. Los arquetipos son patrones primordiales de la psique humana, sistemas innatos de disposición psíquica que se manifiestan en imágenes y emociones características.

«Los arquetipos son sistemas de aptitud para la acción y, al mismo tiempo, imágenes y emociones. Se heredan con la estructura cerebral; más aún, son su aspecto psíquico».

Con esta definición, Jung establece un puente entre lo biológico y lo psicológico, entre lo heredado y lo experimentado, entre la naturaleza y la cultura.

El descubrimiento de los arquetipos: un viaje personal

El camino que llevó a Jung al descubrimiento de los arquetipos fue tanto intelectual como profundamente personal. Tras su ruptura con Freud en 1913, Jung experimentó un periodo que él mismo denominó su «confrontación con el inconsciente», durante el cual tuvo visiones y sueños que documentó meticulosamente en su *Libro Rojo*.

Durante este tiempo, Jung comenzó a dibujar mandalas cada mañana, sin saber exactamente por qué sentía que tenía que hacerlo.

Solo después comprendió que estaba experimentando directamente el arquetipo del Sí-mismo, representado en el símbolo universal del mandala como expresión de totalidad y orden psíquico.

Como Jung relató: «Sólo gradualmente llegué a entender qué significa el mandala: "Formación, Transformación, Recreación eterna".» Esta experiencia personal directa con los arquetipos le dio a Jung una convicción que trascendía lo meramente teórico.

Las cualidades de los arquetipos

1. Universalidad: Aparecen en todas las culturas y épocas.

2. Numinosidad: Poseen una cualidad fascinante y sobrecogedora.

3. Autonomía: Funcionan como centros independientes de actividad psíquica.

4. Bipolaridad: Contienen simultáneamente aspectos positivos y negativos.

5. Compensación: Emergen cuando la actitud consciente se ha vuelto unilateral.

6. Sincronicidad: Pueden manifestarse coincidiendo con eventos externos significativos.

Naturaleza y estructura de los arquetipos

Es crucial distinguir entre el arquetipo en sí mismo (como estructura potencial) y las imágenes arquetípicas (como manifestaciones concretas):

● **El arquetipo en sí** es irrepresentable, una posibilidad vacía, una estructura formal que organiza la experiencia pero que no tiene contenido específico. Jung lo compara con el sistema axial de un cristal, que preforma su estructura pero no tiene existencia material por sí mismo.

● **Las imágenes arquetípicas** son las manifestaciones concretas, las «vestiduras» culturales e individuales que adopta el arquetipo al emerger en la consciencia. Jung distingue además entre...

• *Arquetipos como patrones de comportamiento:* Disposiciones innatas que orientan la conducta instintiva (como la conducta materna).

• *Arquetipos como imágenes psíquicas:* Representaciones simbólicas que emergen en sueños y fantasías.

• *Arquetipos como tipos cognitivos:* Formas a priori de percepción que estructuran la experiencia.

Los principales arquetipos junguianos

Aunque el número de arquetipos potenciales es ilimitado, Jung destacó algunos fundamentales para el proceso de individuación:

La Persona

Representa el arquetipo de la adaptación social, la «cara» que presentamos al mundo exterior (del latín persona, «máscara de actor»).

Jung observó la fuerza de este arquetipo cuando visitó culturas tribales en África en 1925. Quedó impresionado por cómo las máscaras ceremoniales transformaban completamente a quien las portaba, permitiéndole «convertirse» temporalmente en un espíritu o deidad. Esto reforzó su comprensión de cómo la Persona puede tanto revelar como ocultar aspectos del ser.

La Sombra

Constituye todo aquello que el yo consciente no reconoce en sí mismo: tendencias, deseos y cualidades incompatibles con la autoimagen consciente.

Jung consideraba el encuentro con la Sombra como un paso crucial en el desarrollo psicológico: «*No llegas a ser iluminado imaginando figuras de luz, sino haciendo consciente la oscuridad»*.

Durante la Segunda Guerra Mundial, Jung tuvo repetidos sueños en los que se veía a sí mismo matando a Hitler. Al principio, interpretó estos sueños literalmente y se sintió culpable. Posteriormente comprendió que Hitler representaba aspectos de su propia Sombra y que los sueños señalaban la necesidad de integrar sus propios impulsos destructivos.

El Anima y el Animus

El Anima representa la imagen arquetípica de lo femenino en el hombre, mientras que el Animus es la imagen arquetípica de lo masculino en la mujer.

Emma Jung, su esposa, desarrolló importantes contribuciones a la comprensión del arquetipo del Animus, demostrando cómo afecta a las relaciones y a la creatividad femenina. Su trabajo muestra cómo estos arquetipos no eran meras construcciones teóricas, sino realidades psíquicas que afectaban incluso las dinámicas del propio matrimonio de Jung.

El Viejo Sabio y la Gran Madre

Estos arquetipos representan aspectos más profundos del inconsciente colectivo, figuras de autoridad espiritual que emergen en etapas avanzadas del proceso de individuación.

Jung explicó que durante su crisis tras la ruptura con Freud, se le apareció en sueños y visiones una figura que llamó «Filemón», un anciano con alas de pez que se convirtió en su guía interior y que personificaba el arquetipo del Viejo Sabio. A través del diálogo con esta figura, Jung desarrolló muchos aspectos de su psicología analítica.

Lo esencial de...

El Sí-mismo

Es el arquetipo central (*Selbst* en alemán, *Self* en inglés), y representa la totalidad y unidad de la psique. Es simultáneamente el centro organizador de la psique y su circunferencia.

Jung quedó profundamente impresionado al descubrir que los mandalas tibetanos, las ruedas medicinales de los indios americanos y los rosetones de las catedrales góticas europeas compartían estructuras simbólicas similares, a pesar de desarrollarse en culturas sin contacto entre sí. Esto reforzó su convicción de que el Sí-mismo se expresaba universalmente a través de símbolos de totalidad.

El Niño Divino

El arquetipo del Niño Divino representa el potencial de renovación y transformación psíquica. Aparece frecuentemente en momentos de crisis o estancamiento.

En sus últimos años, Jung desarrolló un hábito peculiar: construía pequeñas estructuras de piedra en la orilla del lago junto a su casa en Bollingen. Explicaba esta actividad aparentemente infantil como una manera de reconectar con el arquetipo del Niño Divino, manteniendo viva la capacidad de juego creativo incluso en la vejez.

El Héroe

Representa la figura evolutiva que lucha por establecer y fortalecer la consciencia frente a las fuerzas del inconsciente.

Jung veía en la admiración moderna por los superhéroes (que comenzaba a manifestarse en su época con los cómics) una expresión contemporánea del arquetipo heroico.

Observaba que estas figuras, como las de los mitos antiguos, canalizaban necesidades psíquicas fundamentales de modelar el proceso de desarrollo de la consciencia.

Los arquetipos en la práctica clínica

En su práctica analítica, Jung observó que muchos pacientes producían sueños y fantasías que mostraban notables paralelismos con motivos mitológicos, incluso cuando carecían de conocimientos sobre estas tradiciones.

El caballo alado. Jung relató el caso de un profesor universitario agnóstico y racionalista que experimentó un sueño en el que se le aparecía un caballo alado que lo transportaba al cielo, donde encontraba un templo con una imagen de sí mismo en oro. Aunque el paciente no tenía conocimientos de mitología griega, el sueño reproducía elementos clásicos del mito de Pegaso y la apoteosis divina, demostrando la actividad autónoma de los arquetipos incluso en mentes «modernas».

El enfoque terapéutico junguiano implica ayudar al paciente a reconocer la naturaleza arquetípica de sus experiencias, facilitando su integración consciente mediante técnicas como:

● *Amplificación:* Conectar las imágenes personales con paralelos mitológicos o culturales.

● *Imaginación activa:* Establecer un diálogo consciente con figuras del inconsciente.

● *Interpretación simbólica:* Comprender el significado arquetípico de sueños y fantasías.

● *Expresión creativa:* Usar el arte para dar forma concreta a contenidos arquetípicos.

Arquetipos en el mundo contemporáneo

En un mundo caracterizado, como decimos, por la fragmentación cultural y la crisis de sentido, la teoría de los arquetipos ofrece herramientas valiosas para comprender fenómenos actuales:

1. *La virtualización de la experiencia:* Las redes sociales y los videojuegos pueden entenderse como nuevos escenarios donde los arquetipos se manifiestan.

2. *Religiosidad secular:* El culto a personajes famosos e *influencers* puede interpretarse como una canalización moderna de necesidades arquetípicas de veneración.

3. *Crisis ecológica:* La creciente preocupación por el medio ambiente refleja una reactivación del arquetipo de la Gran Madre en su dimensión amenazada.

4. *Polarización social:* La intensa división política observable en muchas sociedades puede analizarse como un fenómeno de proyección masiva de la Sombra.

«El hombre moderno no comprende hasta qué punto su "racionalismo" lo ha puesto a merced del "inframundo" psíquico. Se ha liberado de la "superstición" (o así lo cree), pero mientras tanto ha perdido sus valores espirituales en un grado positivamente peligroso.»

En resumen: el legado de los arquetipos

La teoría de los arquetipos nos recuerda que, en palabras de Jung, «la psique humana es en su estructura esencial la misma en todas partes y en todos los tiempos», aunque esta estructura universal se exprese a través de infinitas variaciones culturales e individuales.

CAPÍTULO 6

El sueño. Energía psíquica y esencia del sueño

*«El sueño es la pequeña puerta oculta
en lo más íntimo y recóndito del alma,
que se abre a esa noche cósmica que era psique
mucho antes de que existiera ninguna consciencia del yo.»*
C.G. Jung

La puerta al inconsciente

Para Carl Gustav Jung, los sueños ocupan un lugar privilegiado en la comprensión de la psique humana. A diferencia de muchas aproximaciones contemporáneas que consideran los sueños como meros subproductos aleatorios de la actividad cerebral durante el descanso, Jung otorgó a los fenómenos oníricos un estatus central en su psicología analítica, considerándolos la «vía regia» hacia el inconsciente.

«Los sueños son imparciales, espontáneos productos de la psique inconsciente, fuera del control de la voluntad. Representan, por lo tanto, un producto natural y puro de la psique», escribió Jung en *La función de los sueños* (1945).

La aproximación junguiana al fenómeno onírico se distingue por su carácter integrador. No se trata solo de descifrar contenidos reprimidos, como en la lectura freudiana, sino de comprender cómo el inconsciente complementa, compensa y amplía la consciencia a través del lenguaje simbólico de los sueños.

Los antecedentes. Relación con Freud

Durante una visita a Estados Unidos en 1909, Jung y Freud analizaron mutuamente sus sueños. Jung relató un sueño sobre una casa con varios niveles, incluyendo un oscuro sótano con restos prehistóricos. Freud insistió en que los elementos del sótano representaban deseos sexuales reprimidos hacia la madre de Jung. Este intercambio marcó un punto de inflexión en su relación, pues Jung comenzó a cuestionar la insistencia freudiana de reducir todo el contenido onírico a deseos sexuales reprimidos.

Para Freud, el sueño disfraza los deseos inconscientes para evitar perturbar el dormir. El método interpretativo freudiano busca deshacer estos disfraces para llegar al contenido latente, generalmente de naturaleza sexual o agresiva.

Jung, por el contrario, llegó a ver los sueños como expresiones directas y no censuradas del inconsciente: «Los sueños no disfrazan, sino que tratan de expresar algo para lo que todavía no existe lenguaje conceptual», afirmaba. Esta diferencia refleja visiones fundamentalmente distintas del inconsciente: mientras Freud lo concebía principalmente como un depósito de contenidos reprimidos, Jung desarrolló una concepción más compleja, que incluía tanto el inconsciente personal como el colectivo.

¿Para qué sirven los sueños?

En la visión de Jung, los sueños cumplen múltiples funciones vitales para la economía psíquica:

1. Función compensatoria. La función primaria de los sueños es compensar los desequilibrios de la actitud consciente. Cuando la consciencia adopta una postura excesivamente unilateral, los sueños presentan el punto de vista opuesto o complementario.

Jung relató el caso de un teólogo extraordinariamente racional que soñaba repetidamente con tormentas y maremotos. Estos sueños compensaban su actitud consciente excesivamente intelectual, mostrándole la fuerza de las emociones que había marginado. Eventualmente, este hombre reconoció la importancia de los aspectos emocionales y espirituales de la vida, logrando un mayor equilibrio psíquico.

71

2. Función integradora. Los sueños también trabajan para promover la integración de contenidos inconscientes en la consciencia, facilitando así el proceso de individuación. A través de símbolos oníricos, aspectos como la Sombra, el Anima/Animus, y eventualmente el Sí-mismo, pueden presentarse gradualmente a la consciencia.

3. Función autorreguladora. Los sueños pueden considerarse también como manifestaciones de la capacidad autorreguladora intrínseca de la psique. Como explica Jung: «La psique es un sistema autorregulador, como el cuerpo. Cada proceso que va demasiado lejos inmediatamente y de manera inevitable suscita compensaciones.»

4. Función trascendente. Una función particularmente importante que Jung atribuye a los sueños es la función trascendente, mediante la cual se produce la unión de contenidos conscientes e inconscientes para generar una nueva actitud más inclusiva y equilibrada.

La estructura del sueño de Jung

Jung distinguía en los sueños una estructura similar a la de un drama clásico:

1. Exposición: sitúa el escenario, indicando el lugar, los protagonistas y el punto de partida.
2. Desarrollo: la situación se complica y surge un determinado problema.
3. Culminación: se produce un acontecimiento decisivo o un cambio.
4. Lysis o solución: el desenlace o resultado del sueño.
Esta estructura no siempre es completa; muchos sueños terminan en la culminación sin ofrecer una solución, dejando al soñante la tarea de encontrarla conscientemente.

El método interpretativo junguiano

El método que Jung desarrolló para la interpretación de sueños es uno de los aspectos más distintivos de su psicología analítica. A diferencia del método asociativo freudiano, el método junguiano es amplificativo y contextual.

1. Amplificación: el método distintivo de Jung. Jung desarrolló esta técnica tras un sueño emblemático que tuvo en 1909. Soñó que estaba en una casa desconocida con múltiples plantas. Al explorar cada nivel, descubrió que cuanto más descendía, más antiguos eran los estratos históricos representados, hasta llegar a una cueva con restos prehistóricos. Este sueño le sugirió la existencia de capas en la psique que iban desde lo personal hasta lo colectivo, y la necesidad de amplificar los símbolos oníricos con referencias históricas y culturales para comprenderlos plenamente.

La amplificación consiste en enriquecer los motivos del sueño mediante paralelismos de la mitología, religión, folclore, alquimia, arte y literatura.

Este método no busca «traducir» los símbolos a conceptos fijos, sino iluminar sus múltiples dimensiones de significado.

Por ejemplo, si aparece una serpiente en un sueño, el método amplificativo exploraría los diversos significados de la serpiente en diferentes tradiciones: como símbolo de sabiduría en Grecia, como encarnación del mal en la tradición judeocristiana, como representación de la energía Kundalini en el yoga, o como símbolo de renovación debido a su capacidad de mudar la piel.

2. Contextualización: el sueño en la vida del soñante.
Para Jung, ningún sueño puede interpretarse aisladamente. Cada sueño debe situarse en tres contextos esenciales:

● **La serie onírica:** Los sueños a menudo forman series coherentes, donde temas y símbolos se desarrollan progresivamente.

● **La situación consciente del soñante:** El sueño siempre debe relacionarse con la actitud que está compensando.

● **El proceso de individuación:** En última instancia, los sueños significativos deben comprenderse en relación con el proceso global de desarrollo psicológico.

TIPOS DE SUEÑOS EN LA PSICOLOGÍA ANALÍTICA

Jung distinguió diversos tipos de sueños según su origen, contenido y función:
- **Sueños reactivos o pequeños sueños.**
- **Sueños compensatorios.**
- **Sueños arquetípicos o «grandes sueños».**
- **Sueños traumáticos y sueños recurrentes.**
- **Sueños proféticos.**

SÍMBOLOS ONÍRICOS RECURRENTES Y SU SIGNIFICADO

Aunque Jung rechazaba las interpretaciones estandarizadas de símbolos oníricos (como las que aparecen en los «diccionarios de sueños»), reconocía que ciertos motivos aparecen con notable regularidad y a menudo conllevan significados relacionados con los arquetipos. Entre los símbolos oníricos más significativos encontramos:

La casa

La casa aparece frecuentemente como símbolo de la totalidad de la psique, con sus diferentes habitaciones y niveles representando distintos aspectos de la personalidad.

Jung amplió su propia casa en Bollingen a lo largo de décadas, añadiendo estructuras que reflejaban su evolución psíquica. Este proceso arquitectónico era para él una materialización del proceso de individuación que veía representado en sueños con casas.

El viaje

El motivo del viaje, especialmente a tierras desconocidas, representa típicamente el proceso de individuación, con sus diversos obstáculos y descubrimientos.

Figuras personificadas

- *El desconocido:* puede representar la Sombra, aspectos no reconocidos de la personalidad.
- *Figuras del sexo opuesto:* a menudo encarnan el Anima o Animus.
- *Ancianos sabios o figuras autoritarias:* pueden representar el arquetipo del Viejo Sabio o la Gran Madre.
- *Niños:* suelen simbolizar potencialidades futuras, o el arquetipo del Niño Divino.

Animales y naturaleza

En los sueños, los animales suelen representar instintos o funciones psíquicas no integradas en la consciencia. También el agua, el fuego, la tierra y el aire frecuentemente representan diferentes aspectos y estados de la energía psíquica.

LOS SUEÑOS EN LA PRÁCTICA ANALÍTICA DE JUNG

En la terapia junguiana, el trabajo con sueños ocupa un lugar central, proporcionando un barómetro del proceso terapéutico y una guía para su desarrollo.

El sueño inicial. Jung relató el caso de un paciente cuyo primer sueño en terapia mostraba a un desconocido siniestro acechando en una esquina oscura. Tras meses de trabajo, el paciente reconoció en esta figura aspectos rechazados de sí mismo (su Sombra). El último sueño de la terapia mostraba al mismo desconocido, pero ahora invitando al soñante a compartir una comida. Este cambio representaba la integración exitosa de la Sombra, confirmando la intuición de Jung sobre el carácter diagnóstico y predictivo del primer sueño.

Jung prestaba especial atención al primer sueño que un paciente traía a análisis, considerándolo a menudo como una especie de «diagnóstico» inconsciente de la situación psíquica y una anticipación del proceso terapéutico por venir.

Imaginación activa

Jung desarrolló técnicas complementarias al análisis de sueños que permitían profundizar en los contenidos del inconsciente, como la imaginación activa, en la que trabajó durante su crisis tras la ruptura con Freud. Comenzó a jugar con piedras a orillas del lago, construyendo un pueblo en miniatura. Mientras lo hacía, notó que este juego aparentemente infantil le permitía acceder a contenidos inconscientes de un modo controlado. Posteriormente formalizó este proceso como una técnica terapéutica deliberada.

La imaginación activa consiste en entrar en diálogo consciente con figuras del inconsciente que han aparecido en sueños. A diferencia de la interpretación intelectual, implica una participación emocional directa con las imágenes, mientras se mantiene simultáneamente una postura de observación consciente.

Esta técnica permite dar continuidad al trabajo iniciado por el sueño, explorando activamente sus elementos a través de diálogos internos, escritura, dibujo, danza, o cualquier forma de expresión.

Los sueños en la cultura contemporánea: el legado junguiano

La aproximación junguiana a los sueños ha trascendido ampliamente el ámbito clínico, influyendo profundamente en la cultura contemporánea a través de las artes, la literatura, el cine y el desarrollo personal.

El cineasta Federico Fellini mantuvo durante décadas un diario de sueños y reconoció la influencia de Jung en películas como «*Fellini 8½*» y «*Giulietta de los espíritus*». Fellini llegó a consultar con analistas junguianos para comprender mejor sus propios sueños, que luego transformaba en secuencias cinematográficas.

La investigación científica sobre los sueños ha evolucionado bastante desde la época de Jung, especialmente con el descubrimiento del sueño REM en 1953.

CAPÍTULO 7

El libro rojo

El *Libro Rojo* o *Liber Novus* es quizás la obra más sorprendente y enigmática de Carl Gustav Jung, un documento extraordinario que permaneció oculto durante casi un siglo.
Esta obra monumental, escrita e ilustrada por el propio
Jung, narra su descenso a las profundidades del inconsciente
entre 1913 y 1917, un periodo que él mismo definió como
crucial en su vida y en el desarrollo de su psicología analítica.

El origen del *Libro Rojo*

Tras su ruptura con Freud en 1913, Jung experimentó una
profunda crisis psicológica que lo condujo a lo que él llamó su «confrontación con el inconsciente». Durante este
periodo, se entregó a un método experimental que posteriormente denominaría «imaginación activa», dejando
que las imágenes y personajes del inconsciente emergieran
libremente en su consciencia.

«Me encontraba en una situación de extrema desorientación sobre mí mismo», escribió Jung. «Por dentro, sin

embargo, se abrían inexorablemente las puertas a una matriz de imágenes que desbordaban mi comprensión racional».

Entre 1913 y 1916, Jung registró meticulosamente sus visiones y diálogos con figuras de su inconsciente en pequeños cuadernos negros, lo que llamó los «Libros Negros». Posteriormente, transcribió y expandió este material al majestuoso volumen que conocemos como el *Libro Rojo*, un manuscrito bellamente caligrafiado en estilo gótico y adornado con extraordinarias ilustraciones de mandalas, figuras mitológicas y visiones simbólicas, todas realizadas por él mismo.

El contenido

El *Libro Rojo* está estructurado en tres secciones principales:

● **Liber Primus:** Introduce el encuentro de Jung con lo que él llama «el espíritu de la profundidad», en contraste con «el espíritu de este tiempo», estableciendo la tensión entre el pensamiento racional y científico de la época y las fuerzas simbólicas del inconsciente colectivo.

● **Liber Secundus:** La sección más extensa, donde Jung narra sus encuentros con diversas figuras arquetípicas como Elías, Salomé, el diablo, un «anciano ermitaño» y su propio «Sí-mismo». Estos encuentros toman la forma de diálogos dramáticos que exploran temas fundamentales como el significado, el bien y el mal, lo divino y lo humano.

● **Escrutinios:** La sección final, que quedó incompleta, donde Jung profundiza en la naturaleza de lo que él denomina «los siete sermones a los muertos», un texto que atribuyó al gnóstico Basílides de Alejandría.

El estilo del *Libro Rojo* es deliberadamente arcaico, inspirado en textos medievales, escrituras gnósticas y apocalípticas. Jung adopta un tono profético que recuerda a obras como *Así habló Zaratustra* de Nietzsche, aunque con un contenido psicológico y simbólico más profundo.

El proceso creativo de Jung

La creación del *Libro Rojo* representó para Jung un proceso tanto psicológico como artístico de extraordinaria intensidad. Este trabajo no fue simplemente un registro pasivo de visiones, sino una interacción dinámica y consciente con su propio inconsciente. Jung desarrolló un método riguroso para este proceso:

1. Inducción de estados alterados de conciencia: Cada día, generalmente al anochecer, Jung se sentaba en su estudio y practicaba lo que describió como una *descenso voluntario*, permitiéndose entrar en un estado cercano al trance pero manteniendo su consciencia crítica activa.

2. Documentación inmediata: Durante estas sesiones, registraba inmediatamente sus experiencias en los Libros Negros, escribiendo a menudo en un estado entre la vigilia y el sueño. Como él mismo describió: «Mis manos escribían cosas que mi mente contemplaba con asombro».

3. Elaboración posterior: En un segundo momento, ya con plena consciencia crítica, Jung transformaba estas notas preliminares en el texto cuidadosamente redactado del *Libro Rojo*, añadiendo reflexiones y amplificaciones teóricas.

4. Integración visual: Finalmente, complementaba el texto con imágenes pintadas que no eran meras ilustraciones, sino expresiones paralelas y complementarias de los mismos contenidos psíquicos.

«Este trabajo requería absoluta soledad», escribió Jung a un colega años después. «Era como caminar en el filo de una navaja, con el abismo a ambos lados: la racionalidad científica por un lado y la disolución psíquica por el otro».

Las ilustraciones: un lenguaje visual del inconsciente

Las imágenes del *Libro Rojo* constituyen por sí mismas un aspecto fundamental de la obra, no meros complementos decorativos. Jung había desarrollado desde su infancia una sensibilidad artística notable, estudiando con atención manuscritos medievales iluminados y arte simbólico de diversas tradiciones. Esas ilustraciones presentan varias características que las distinguen:

● **Uso del color simbólico:** Jung empleaba colores con precisión alquímica y psicológica. Los rojos y dorados predominan, representando la conjunción de opuestos: pasión y sabiduría, sangre y oro, procesos de transformación psíquica.

● **Geometría sagrada:** Muchas imágenes incorporan principios matemáticos precisos derivados de tradiciones esotéricas, particularmente en los mandalas, donde cada elemento está cuidadosamente posicionado según relaciones geométricas significativas.

● **Fusión de tradiciones visuales:** Jung integra elementos iconográficos de tradiciones aparentemente dispares: motivos cristianos medievales coexisten con símbolos alquímicos, imágenes gnósticas y elementos de las tradiciones orientales.

● **La técnica:** Ejecutadas con una precisión extraordinaria, las imágenes muestran un dominio técnico sorprendente para alguien sin formación artística formal. Jung trabajaba a menudo con lupa para los detalles más finos.

Como el propio Jung explicó a Aniela Jaffé: «A veces la imagen precedía al texto, otras veces surgía después. Pero siempre formaban una unidad inseparable. La imagen sin el texto quedaría en mera fascinación; el texto sin la imagen, en abstracción intelectual».

Los personajes arquetípicos del *Libro Rojo*

Durante su exploración del inconsciente, Jung encontró numerosas figuras que emergían con personalidades propias y autónomas. Comprendió que no eran meras fantasías personales, sino manifestaciones de lo que llamaría «arquetipos del inconsciente colectivo». Estas figuras funcionaban como personajes en un drama psíquico interior, cada uno representando aspectos de la psique humana universal.

Filemón: el anciano sabio

Quizá sea la figura más significativa del *Libro Rojo*. Filemón aparece como un anciano con alas de pez azul, representando la sabiduría ancestral y el arquetipo del viejo sabio. Jung lo describió como «un pagano que trajo una mentalidad egipcio-helenística con elementos gnósticos».

Filemón se convirtió en el guía interior de Jung, enseñándole que los pensamientos tienen vida propia, independiente de la voluntad consciente. «Me mostró que los considerara como si fueran individuos con vida propia, como si fueran personas con las que me encontraba en mi jardín», escribió Jung.

La relación con Filemón marcó un punto crucial en el desarrollo de la teoría junguiana sobre la autonomía del inconsciente y la realidad de lo psíquico.

Salomé: el ánima

Salomé aparece como una joven mujer, inicialmente ciega, que evoluciona a lo largo del texto. Representa el arquetipo del ánima, la dimensión femenina en la psique masculina. En la narrativa del *Libro Rojo*, Salomé está vinculada a Elías/Filemón en una relación misteriosa, sugiriendo la conexión entre sabiduría y eros, pensamiento y sentimiento.

«Al principio me aterrorizaba», escribió Jung, «pues aparecía como una figura seductora y destructiva. Gradualmente comprendí que representaba aspectos de mi propio ser que había rechazado y reprimido».

La evolución de Salomé, que recupera la vista en el transcurso de la narrativa, simboliza la integración progresiva del ánima en la consciencia, un proceso fundamental en la individuación junguiana.

El Diablo Rojo

Jung se encuentra con varias manifestaciones del principio diabólico o sombra, siendo el Diablo Rojo una de las más impactantes. Aparece como una figura terrorífica pero también como un portador de conocimiento esencial.

En uno de los diálogos más inquietantes del libro, Jung debe reconocer que «el servicio a Dios es el servicio al diablo», una paradoja que anticipa su posterior teoría de la integración de la sombra y la naturaleza paradójica del sí-mismo.

«No pude evitar reconocer que no solo Dios habla en mí, sino también el diablo», anotó Jung. «La aceptación de lo oscuro es el prerrequisito para la iluminación».

Ka y otros personajes secundarios

Otras figuras notables incluyen a Ka, descrito como «un guardián y habitante de las profundidades subterráneas», y varios personajes como el Anciano Ermitaño, Elías (que se transforma en Filemón), Izdubar (un gigante oriental que simboliza las fuerzas vitales premodernas), entre muchos otros.

Cada uno de estos personajes establece diálogos con Jung, confrontándolo con aspectos desconocidos de su propia psique y de la condición humana universal. Como Jung explicaría más tarde: «No eran fantasmas de mi mente, sino realidades objetivas que se presentaban ante mí como interlocutores».

La imaginación activa como método creativo

El proceso que Jung desarrolló durante la creación del *Libro Rojo* es la base de lo que luego formalizó como «imaginación activa», una técnica terapéutica fundamental en la psicología analítica.

A diferencia de la libre asociación freudiana o la fantasía pasiva, la imaginación activa implica, según Jung, participación consciente, confrontación ética, amplificación simbólica y una concreción física.

En la **participación consciente**, el ego mantiene su integridad y establece un diálogo con los contenidos emergentes. Y, cuando habla de **confrontación ética**, es porque Jung no solo observaba las figuras y escenas que surgían, sino que las cuestionaba, debatía con ellas y tomaba decisiones morales en sus interacciones. Además, la expresión de estos contenidos no quedaba en lo mental, sino que se materializaba mediante la escritura, la pintura y, en ocasiones, la escultura.

Como Jung explicaría posteriormente: «No se trata de "dejarse llevar" por la fantasía, sino de una confrontación consciente y responsable con las fuerzas del inconsciente, que tiene consecuencias transformadoras tanto para la personalidad individual como para su relación con el mundo».

Relación con su obra posterior
El *Libro Rojo* fue el laboratorio experiencial donde Jung desarrolló personalmente los grandes conceptos que articularía en su obra posterior. Hay una relación tan estrecha que no es posible comprender plenamente sus teorías sin referencia a esta matriz.

El impacto de la publicación
La publicación del *Libro Rojo* en 2009, casi un siglo después de su creación y casi 50 años después de la muerte de Jung, provocó una revolución en los estudios junguianos y en la comprensión pública de su obra y su figura.

En el ámbito académico, el *Libro Rojo* generó una nueva valoración del legado junguiano: muchos especialistas tuvieron que reconsiderar sus interpretaciones previas de la obra de Jung, reconociendo la centralidad de la experiencia directa y personal como fundamento de su teoría.

También una validación de métodos, porque la seriedad y el rigor con que Jung abordó su autoexploración contribuyó a validar métodos experienciales en la investigación psicológica y en campos interdisciplinarios.

En un ámbito cultural más amplio, la primera edición del libro se agotó rápidamente y el manuscrito original se exhibió en diversas instituciones culturales, atrayendo un público numeroso y diverso. Además, las ilustraciones de Jung fueron reconocidas por su valor estético intrínseco, no solo como documentos psicológicos, se llegaron a comparar con la obras de artistas visionarios como William Blake.

Como señaló el analista junguiano James Hollis: «La publicación del *Libro Rojo* ha hecho visible el corazón experiencial de la psicología analítica, la confrontación personal con el misterio que siempre está en el centro de la obra teórica de Jung».

El legado continua

Hoy, el *Libro Rojo* es reconocido como una obra de importancia cultural y psicológica comparable a los grandes textos visionarios de la historia humana. Su influencia se extiende más allá de la psicología, alcanzando los campos del arte, la literatura, los estudios religiosos y la filosofía.

Para aquellos que se adentran en sus páginas, ofrece un mapa del viaje interior que cada ser humano puede emprender hacia el autoconocimiento. Como escribió Jung en sus páginas: «Tu vida es lo que haces de ella. No está determinada por tu pasado, sino por la manera en que te relacionas conscientemente con él».

CAPÍTULO 8

Sincronicidad: una nueva dimensión de la realidad

«Todo lo que ocurre en un momento determinado tiene inevitablemente la cualidad peculiar de ese momento.»
C.G. JUNG

Entre los numerosos conceptos innovadores que Carl Gustav Jung aportó a la psicología y al pensamiento occidental, la sincronicidad ocupa un lugar singular por su audacia intelectual y su capacidad para desafiar los fundamentos de nuestra comprensión convencional del mundo. No se trata simplemente de una teoría psicológica más, sino de un principio explicativo que transgrede las fronteras disciplinarias, estableciendo puentes entre la psicología, la física, la filosofía y las tradiciones espirituales de Oriente y Occidente.

¿Qué es la sincronicidad?

Jung definió la sincronicidad como «la coincidencia temporal de dos o más sucesos relacionados entre sí de una manera no causal, cuyo contenido significativo es idéntico o similar». Dicho de manera sencilla, se refiere a coincidencias significativas en las que hechos internos (pensamientos, sueños, visiones) se correlacionan con hechos externos de manera que sugiere un principio conector diferente a la causa y el efecto.

Antes hemos citado cómo Jung relató un curioso incidente que le ocurrió cuando estaba tratando de comprender mejor los fenómenos sincronísticos. Mientras reflexionaba sobre el tema, escuchó un golpe en la ventana. Al abrir, encontró un pájaro que había chocado contra el cristal. Al volver a su escritorio, recibió una llamada de un antiguo paciente que quería contarle un sueño sobre un pájaro. Jung interpretó esta serie de coincidencias como una manifestación del fenómeno mismo que estaba estudiando, una especie de «sincronicidad sobre la sincronicidad».

La idea representa una de las contribuciones más originales y controvertidas de Jung, pues propone la existencia de un principio organizador acausal que complementa la causalidad, pilar fundamental de la ciencia moderna. La sincronicidad desafía la división cartesiana entre mente y materia, sugiriendo una unidad más profunda que Jung, inspirado por la alquimia, denominó *unus mundus* (mundo unitario).

GÉNESIS. CÓMO NACIÓ LA IDEA

La formulación del concepto de sincronicidad no fue repentina, sino el resultado de décadas de observación clínica, estudio comparativo y reflexión filosófica. Varios hilos convergieron en su desarrollo, como vamos a ver.

Antecedentes en la práctica clínica. Desde sus primeros años como psiquiatra, Jung se encontró con fenómenos que desafiaban la explicación puramente causal. En su trabajo con pacientes esquizofrénicos en el Hospital Burghölzli, observó ocasionalmente coincidencias sorprendentes entre los delirios de los pacientes y eventos reales que estos no podían conocer por medios ordinarios.

Influencia de la física contemporánea. La amistad entre Jung y el físico Nobel Wolfgang Pauli representa uno de los diálogos interdisciplinarios más fascinantes del siglo XX. Pauli, uno de los fundadores de la mecánica cuántica, había sufrido una crisis personal tras su divorcio y comenzó a tener sueños extraños con imágenes alquímicas y mandalas que no podía comprender. Buscó ayuda psicológica y terminó en análisis con un discípulo de Jung. A través de este contacto, Pauli y Jung comenzaron una correspondencia que duraría décadas, explorando los paralelismos entre la física cuántica y la psicología profunda.

Jung encontró en la física cuántica, con su principio de indeterminación y complementariedad, una validación científica de sus intuiciones sobre la sincronicidad, mientras Pauli encontró en Jung una comprensión de las dimensiones psicológicas de los descubrimientos científicos.

La física cuántica, con su principio de indeterminación y su reconocimiento del papel del observador, proporcionó un respaldo científico a la intuición junguiana de que la causalidad no era el único principio organizador de la realidad.

Estudio de las tradiciones orientales. Jung profundizó en su estudio de las filosofías orientales, particularmente el taoísmo chino y el budismo tibetano. En estas tradiciones encontró sistemas de pensamiento que, a diferencia del dualismo occidental, habían integrado conceptos similares a la sincronicidad.

El *I Ching* o *Libro de los Cambios*, texto clásico chino que Jung estudió intensamente con la ayuda de Richard Wilhelm*, representaba para él un sistema basado precisamente en el principio sincronístico.

Jung utilizaba personalmente el *I Ching* en momentos de confusión o duda. En una ocasión, estaba decidiendo si aceptar o no una invitación para dar una serie de conferencias en Londres. Consultó el I Ching y obtuvo el hexagrama «El Viajero», que habla sobre un extranjero bien recibido en tierra extraña. Jung aceptó la invitación y las conferencias resultaron ser un éxito significativo en la difusión de sus ideas en Inglaterra.

La formulación del concepto

Tras décadas de observación y reflexión, Jung presentó formalmente el concepto de sincronicidad en una conferencia en el Club de Eranos en 1951, publicando al año siguiente su monografía definitiva: *Sincronicidad: un principio de conexiones acausales*.

En esta obra, Jung propone la sincronicidad como un cuarto principio explicativo de la naturaleza, complementario a los tres reconocidos por la física clásica, Espacio, Tiempo, Causalidad... y Sincronicidad.

---

* Sobre todo ello el propio Jung publicó *El secreto de la Flor de Oro*, un libro del que se han llevado a cabo numerosas ediciones, como la de Editorial Paidós en Buenos Aires (1955).

Sincronicidades en series

También observó lo que denominó «series sincronísticas», cadenas de coincidencias significativas que parecen agruparse alrededor de ciertos periodos o temas.

Jung describe el caso de una mujer que, tras la muerte de su madre, experimentó una serie de encuentros con aves negras de forma inusual. Primero, un grupo de cuervos se posó en el techo de la casa durante el funeral. Al día siguiente, un pájaro negro entró en su casa a través de una ventana. En los días siguientes, encontró un pájaro muerto en su jardín y vio repetidamente aves negras en circunstancias inusuales. Jung interpretó esta serie como una constelación sincronística alrededor del tema de la muerte, donde el arquetipo activado creaba un campo que atraía estas experiencias significativas.

La sincronicidad como principio explicativo

Más allá de la catalogación de fenómenos, Jung propuso la sincronicidad como un genuino principio explicativo, una forma de entender un aspecto de la realidad que la causalidad no puede abordar adecuadamente.

Relativización del tiempo y el espacio. En la teoría junguiana, los fenómenos sincronísticos revelan que las coordenadas espacio-temporales, absolutas para la consciencia ordinaria, son relativas para el inconsciente, particularmente para el inconsciente colectivo.

El inconsciente absoluto y el *unus mundus*. En la base de la teoría sincronística está la hipótesis de Jung sobre un «inconsciente absoluto» o *unus mundus* (mundo unitario), un sustrato de la realidad donde lo psíquico y lo físico aún no se han diferenciado.

Jung encontró en los textos alquímicos, particularmente en la obra del alquimista medieval Gerhard Dorn, referencias al concepto de *unus mundus* como el estado primordial de unidad que precede a toda diferenciación. Los alquimistas buscaban la «materia prima» que contenía potencialmente todos los elementos antes de su separación. Para Jung, esta búsqueda alquímica era una proyección del proceso psicológico de individuación, y el *unus mundus* representaba el sustrato unitario donde psique y materia coinciden. La sincronicidad era, en este sentido, un atisbo momentáneo de esa unidad fundamental.

El significado como principio organizador. Central a la comprensión junguiana de la sincronicidad es el concepto de significado como principio organizador acausal. A diferencia de la causalidad, donde los eventos se conectan por relaciones mecánicas de causa y efecto, en la sincronicidad los eventos se conectan por patrones de significado.

Dos casos, dos ejemplos

A lo largo de su obra, Jung documentó numerosos casos de sincronicidad, tanto de su práctica clínica como de su propia experiencia.

El caso del pez. Una paciente estaba relatando un sueño en el que recibía un pez. Durante la sesión, recordó que años antes, cuando estaba embarazada, había recibido un medallón con un pez como motivo. Posteriormente, cuando almorzaba, le sirvieron pescado, cosa inusual. Durante la tarde, una expaciente le regaló unos pescaditos decorativos, y por la noche, al regresar a casa, encontró que una persona con la que había tenido una breve relación años atrás y no había vuelto a ver, había dejado pescado para ella en su puerta.

Para Jung, esta serie de coincidencias alrededor del motivo del pez (un símbolo arquetípico con profundas resonancias religiosas) no podía explicarse adecuadamente como mero azar.

La sincronicidad en la muerte de su esposa. Durante la enfermedad terminal de su esposa Emma en 1955, Jung observó un fenómeno extraordinario. Un pesado pedestal de piedra junto a su casa en Bollingen comenzó a agrietarse sin razón aparente. Jung lo interpretó como un presagio de la inminente separación. Tras la muerte de Emma, de la piedra seguían desprendiéndose pequeños fragmentos. Tres días después del fallecimiento, Jung encontró que una gran porción de la piedra se había desprendido limpiamente, como si hubiera sido cortada con un cincel. Para Jung, este evento físico inexplicable representaba una manifestación sincronística del profundo impacto psíquico de la pérdida, demostrando la interconexión entre estados emocionales intensos y eventos materiales.

FUNDAMENTOS CIENTÍFICOS Y FILOSÓFICOS

La teoría de la sincronicidad se apoya en una serie de fundamentos científicos y filosóficos que le proporcionan coherencia intelectual más allá de la anécdota.

Paralelismos con la física moderna

La colaboración con Wolfgang Pauli fue crucial para que Jung desarrollara las implicaciones científicas de su teoría. Ambos exploraron los paralelismos entre la sincronicidad y conceptos de la física moderna como:

● **El principio de indeterminación de Heisenberg,** que establece límites fundamentales a la precisión con que pueden conocerse simultáneamente pares de propiedades físicas.

● **La complementariedad de Bohr,** que postula que los objetos cuánticos poseen propiedades complementarias que no pueden ser observadas simultáneamente.

● **El entrelazamiento cuántico,** donde partículas que han interactuado mantienen una conexión instantánea independientemente de la distancia.

Dato curioso: Pauli experimentó lo que se conoce como «efecto Pauli», una supuesta tendencia a causar fallos en equipos de laboratorio cuando estaba cerca. Este fenómeno, que los físicos notaban medio en broma, consistía en aparatos que funcionaban perfectamente hasta que Pauli entraba en la sala.

En la Universidad de Gotinga ocurrió un incidente que se hizo famoso. Un equipo sofisticado se averió sin razón aparente. Al investigar, descubrieron que Pauli estaba pasando en tren por la ciudad en ese momento. Esta coincidencia aparentemente absurda fascinaba a Jung como posible manifestación de la influencia psíquica sobre sistemas físicos.

APLICACIONES CLÍNICAS Y PRÁCTICAS

Más allá de su interés teórico, Jung desarrolló aplicaciones prácticas del concepto de sincronicidad en...

Psicoterapia. En el contexto terapéutico, Jung encontró que los fenómenos sincronísticos a menudo surgían en momentos cruciales del proceso analítico, especialmente cuando se activaban arquetipos centrales.

Jung no buscaba provocar sincronicidades artificialmente, sino estar atento a su emergencia natural en el proceso terapéutico. Cuando ocurrían, las trataba como material significativo para el análisis, preguntando al paciente qué significado personal encontraba en la coincidencia. Utilizaba estas experiencias para ayudar a los pacientes a reconocer conexiones más profundas entre su mundo interior y exterior, fomentando una visión más rica y menos mecanicista de la realidad.

El *I Ching* y otras artes adivinatorias. Jung encontró en el *I Ching* un sistema basado precisamente en el principio de sincronicidad. El método oracular del *I Ching* asume que el momento de la consulta no está causalmente conectado con el hexagrama resultante, pero existe una correspondencia sincronística significativa entre ambos.

Jung aconsejaba acercarse a estos métodos no con expectativas literales o supersticiosas, sino como herramientas de amplificación simbólica. Consideraba que su valor no residía en «predecir el futuro» sino en iluminar la constelación arquetípica presente en un momento determinado, ofreciendo perspectivas que la consciencia racional por sí sola no podría percibir.

La vida cotidiana. Jung consideraba que la atención a las sincronicidades en la vida cotidiana podía enriquecer significativamente la experiencia vital, proporcionando orientación en momentos de decisión y un sentido de conexión con una realidad más amplia. También recomendaba mantener un «diario de sincronicidades», anotando coincidencias significativas y reflexionando sobre su posible significado en relación con el proceso de individuación personal.

Críticas científicas. Como sería de esperar, la teoría de la sincronicidad ha sido objeto de numerosas críticas y controversias. Los más escépticos argumentan que muchas supuestas sincronicidades pueden explicarse por el sesgo de confirmación y la mala comprensión de probabilidades.

La dificultad para establecer criterios objetivos (que distingan una «verdadera» sincronicidad de una coincidencia casual) ha llevado a criticar el concepto como fundamentalmente no falsable.

En estos casos Jung respondía distinguiendo entre coincidencia estadística y sincronicidad. «Lo significativo no es simplemente que ocurra algo improbable», escribió, «sino que ocurra algo significativo en conexión con estados psíquicos específicos». Reconocía la dificultad metodológica, pero argumentaba que esta no invalidaba el fenómeno, sino que requería aproximaciones complementarias a las puramente estadísticas o experimentales.

Críticas filosóficas. Algunos filósofos de orientación positivista o materialista han cuestionado la legitimidad de postular principios explicativos que trascienden la causalidad material. Y algunos críticos argumentan que el «significado» que Jung ve en las coincidencias de sincronicidad es impuesto subjetivamente, no un principio organizador objetivo.

En la actualidad

Tras la muerte de Jung, diversos investigadores y teóricos han continuado desarrollando el concepto de sincronicidad en múltiples direcciones. El físico y filósofo F. David Peat, colaborador de David Bohm, ha desarrollado paralelismos entre la sincronicidad junguiana y conceptos de la física moderna como el «orden implicado». La teoría de sistemas complejos, con su énfasis en la autoorganización y la emergencia, también ha proporcionado nuevos marcos conceptuales para entender los fenómenos de sincronicidad. El psicólogo Joseph Cambray ha relacionado la sincronicidad con la teoría del caos, sugiriendo que estos fenómenos pueden verse como emergencias de orden en sistemas dinámicos no-lineales.

El concepto ha encontrado aplicaciones en campos tan diversos como la teoría literaria, la ecología profunda y la espiritualidad contemporánea.

Relación con otras ideas clave

La sincronicidad forma parte de una constelación conceptual que incluye los arquetipos, el proceso de individuación, la función trascendente y la energética psíquica.

Dimensión ética y existencial. Más allá de su interés teórico, la sincronicidad tiene profundas implicaciones éticas y existenciales: al postular el significado como un principio organizador tan fundamental como la causalidad, Jung ofrece un contrapeso al reduccionismo mecanicista que amenaza con vaciar la existencia de sentido.

En resumen: la sincronicidad, un desafío

La sincronicidad representa uno de los conceptos más audaces y originales de Jung, un intento de formular un principio que complementa la causalidad y tiende puentes entre dominios aparentemente separados de la experiencia humana. Como teoría, nos desafía a una doble apertura: hacia dimensiones de la realidad que trascienden la comprensión mecanicista convencional, y hacia una actitud psicológica que puede reconocer y relacionarse significativamente con estas dimensiones sin caer en la superstición.

El mayor valor de la sincronicidad no está en su estatus como teoría científica verificable (aunque ha estimulado investigaciones fructíferas en esa dirección), sino en su capacidad para abrir horizontes de sentido en el mundo actual, tan fragmentado y mecanizado. Como «mito científico» de nuestro tiempo, la sincronicidad nos ofrece un lenguaje para articular experiencias humanas significativas que los paradigmas puramente materialistas tienden a marginar o patologizar.

La sincronicidad nos invita a una visión más rica y multidimensional de la realidad, donde no es meramente una construcción subjetiva, sino un principio fundamental que conecta lo interno y lo externo, revelando un orden unificado que subyace a la aparente fragmentación de nuestra experiencia ordinaria.

Como escribió Jung: «La sincronicidad no es más misteriosa o más sorprendente que las discontinuidades de la física. Lo que resulta inconmensurable para nosotros únicamente nos parece irracional, pero eso no significa que no exista. Simplemente significa que con nuestros recursos actuales no podemos comprenderlo.»

CAPÍTULO 9

Los tipos psicológicos. Un mapa de la diversidad de las mentes

«Cada individuo es una excepción a la regla. Por tanto, nunca se podrá dar una descripción teórica exacta y definitiva de un tipo humano. Lo único que se puede hacer es dibujar un cuadro aproximado.»
C.G. JUNG

Entre las contribuciones más prácticas y ampliamente conocidas de Carl Gustav Jung se encuentra su teoría de los tipos psicológicos. Publicada en 1921 en su obra *Tipos psicológicos*, esta clasificación de la personalidad humana representa uno de los intentos más completos y sofisticados de comprender las diferencias fundamentales en el funcionamiento mental de las personas.

El origen de los tipos psicológicos

El interés de Jung por las diferencias tipológicas nació de una observación personal intrigante. Mientras Freud y

Adler, ambos brillantes observadores de la conducta humana, llegaban a conclusiones radicalmente opuestas sobre las motivaciones fundamentales (Freud con su énfasis en el placer sexual, Adler en la voluntad de poder), Jung comenzó a preguntarse si estas diferencias no reflejaban distintos tipos de personalidad más que errores teóricos. «El hecho de que dos observadores tan extraordinarios pudieran ver el mismo fenómeno de maneras tan diferentes», escribió Jung, «me llevó a sospechar que tal vez sus propias disposiciones psicológicas estaban condicionando lo que veían». Esta intuición fue el germen de su teoría tipológica.

Jung desarrolló esta teoría tras años de observación clínica y autoexamen, motivado inicialmente por una pregunta inquietante: ¿por qué personas igualmente inteligentes pueden llegar a conclusiones tan radicalmente diferentes sobre la naturaleza humana? Esta cuestión lo llevó a considerar que quizás existían diferencias innatas en cómo las personas perciben y procesan el mundo.

«En mi trabajo práctico con pacientes he observado desde hace mucho tiempo que, además de las numerosas diferencias individuales en la psicología humana, existen también diferencias típicas. Dos tipos destacan particularmente, y los he designado como tipos de introversión y extroversión.»

La tipología junguiana no pretende encasillar rígidamente a las personas en categorías estancas, sino proporcionar un mapa orientativo de las diferentes maneras en que la energía psíquica puede organizarse y expresarse.

LAS ACTITUDES FUNDAMENTALES: INTROVERSIÓN Y EXTROVERSIÓN

El elemento más básico de esta tipología es la distinción entre dos actitudes o orientaciones fundamentales de la energía psíquica (libido): la introversión y la extroversión.

Extroversión: orientación hacia el objeto externo

«La extroversión se caracteriza por el interés dirigido hacia el objeto externo, la sensibilidad y adaptación al mismo, la disposición a aceptar los acontecimientos externos, el deseo de influir sobre ellos y ser influido por ellos, la necesidad de participar... y la dependencia de ellos.»

La persona predominantemente extrovertida orienta su energía psíquica hacia el mundo exterior. Su atención, interés y acción se dirigen principalmente hacia objetos, personas y actividades en su entorno.

Por ejemplo, Jung describía a su colega Sigmund Freud como un claro ejemplo de tipo extrovertido. La teoría de Freud se centraba en cómo las fuerzas externas (principalmente la sociedad y sus prohibiciones) configuraban la psique. Esta orientación extrovertida se manifestaba incluso en su método terapéutico, que se centraba en rastrear conexiones entre eventos externos y síntomas psíquicos. Freud prefería un entorno estimulante, lleno de antigüedades que coleccionaba, y prosperaba en los círculos intelectuales de Viena, alimentándose de esa interacción social.

Introversión: orientación hacia el sujeto interno

«La introversión significa una orientación hacia dentro, hacia el mundo subjetivo, una tendencia a retraerse del objeto. Tiene interés por el factor subjetivo, por lo que ocurre principalmente en la parte subjetiva del proceso psíquico.»

La persona predominantemente introvertida dirige su energía psíquica hacia el mundo interior de ideas, impresiones, emociones y pensamientos. Su atención principal se dirige hacia la experiencia subjetiva que los objetos y eventos externos provocan.

Por ejemplo, Jung se consideraba a sí mismo predominantemente introvertido. A diferencia de Freud, Jung desarrolló teorías centradas en el mundo interior (arquetipos, inconsciente colectivo). Prefería la tranquilidad de su retiro en Bollingen, donde pasaba largos períodos en relativa soledad, reflexionando y escribiendo. En grupos grandes se sentía agotado, mientras que en la soledad encontraba energía y claridad. Su método terapéutico enfatizaba el mundo interior de símbolos y sueños por encima de los eventos externos.

Actitudes como orientaciones complementarias
Un aspecto crucial de la teoría junguiana es que nadie es exclusivamente introvertido o extrovertido. Ambas actitudes existen en cada individuo, pero una tiende a ser dominante y consciente, mientras la otra permanece subordinada e inconsciente.

«Cada uno posee ambos mecanismos como expresión de su natural alternancia rítmica vital... pero solo uno de los dos mecanismos está bajo control consciente y voluntario, mientras que el otro permanece en el inconsciente.»

Esta dinámica complementaria explica por qué incluso el extrovertido más sociable necesita ocasionalmente soledad, o por qué el introvertido más reservado puede disfrutar plenamente de ciertas situaciones sociales.

LAS FUNCIONES PSICOLÓGICAS: CUATRO MODOS DE ORIENTACIÓN

Además de las actitudes básicas, Jung identificó cuatro funciones psicológicas fundamentales, cuatro modos diferentes de procesar la experiencia y orientarse en el mundo.

Pensamiento: la función cognitiva

El pensamiento es la función que busca comprender el mundo a través del análisis lógico y conceptual. Establece conexiones mediante principios racionales, categoriza y define.

«El pensamiento es aquella función psicológica que, de acuerdo con sus propias leyes, establece una conexión (conceptual) entre los contenidos de representación.»

Por ejemplo, Jung describía al filósofo Immanuel Kant como un perfecto ejemplo de tipo pensamiento. Su riguroso análisis conceptual, su búsqueda de principios universales y su capacidad para construir sistemas teóricos coherentes reflejaban el dominio de la función pensamiento. Kant organizaba su vida con precisión metódica, caminando diariamente a la misma hora con tal regularidad que los habitantes de Königsberg ajustaban sus relojes cuando pasaba por sus ventanas.

Sentimiento: la función valorativa

El sentimiento es la función que evalúa el mundo según valores subjetivos de agrado-desagrado, aceptación-rechazo. Establece jerarquías de valor y determina la importancia relativa de las cosas.

«El sentimiento es principalmente un proceso que tiene lugar entre el ego y un contenido dado, un proceso, además, que otorga al contenido un valor definido en el sentido de aceptación o rechazo (placer o displacer).»

Por ejemplo, Jung encontraba que muchos artistas y poetas románticos, como Goethe, ejemplificaban la dominancia de la función sentimiento. El exquisito sentido de armonía en la poesía de Goethe, su sensibilidad a los matices emocionales y su énfasis en la experiencia personal reflejaban la primacía del sentimiento como modo de evaluación del mundo.

Jung enfatizaba que el sentimiento, en su sentido técnico, no debe confundirse con la emoción o el afecto. El sentimiento como función es un proceso racional (aunque no lógico) de evaluación.

Sensación: la función perceptiva

La sensación es la función que registra la realidad a través de los sentidos. Proporciona información concreta sobre lo que existe actualmente, sin añadir interpretaciones.

«La sensación es aquella función psicológica que transmite un estímulo físico a la percepción... es idéntica a la percepción.»

Jung señalaba a científicos naturalistas, como Charles Darwin, como ejemplos de la dominancia de la sensación. La meticulosa observación y catalogación de especies que realizó Darwin, su atención al detalle concreto y su inmersión en los hechos observables antes de teorizar, mostraban el predominio de la sensación como función orientadora.

Intuición: la función anticipatoria

La intuición es la función que percibe posibilidades, conexiones y significados que trascienden los datos sensoriales inmediatos. Capta patrones, potenciales y direcciones futuras.

«La intuición es la función psicológica que transmite percepciones por vía inconsciente. Todo puede ser objeto de estas percepciones: objetos externos e internos o sus combinaciones... En la intuición, un contenido cualquiera se presenta como un todo completo, sin que podamos explicar o descubrir cómo ha llegado a constituirse.»

Jung consideraba a Platón un ejemplo clásico de tipo intuitivo. Su capacidad para percibir esencias y formas ideales detrás de las apariencias, su desarrollo de conceptos abstractos como «la Idea del Bien» y su pensamiento visionario que trascendía la realidad inmediata reflejaban el dominio de la intuición como función primaria.

Funciones racionales e irracionales

Jung clasificaba estas cuatro funciones en dos categorías fundamentales:

● **Funciones racionales:** Pensamiento y Sentimiento. Se denominan «racionales» porque operan evaluando, juzgando o decidiendo sobre la experiencia según criterios específicos (lógica o valores).

● **Funciones irracionales:** Sensación e Intuición. Se denominan «irracionales» no por ser ilógicas, sino porque operan percibiendo la experiencia sin evaluarla, simplemente registrando lo que es (sensación) o lo que podría ser (intuición).

La función dominante y la función auxiliar

Jung observó que dentro de estos dos pares de funciones opuestas (pensamiento-sentimiento y sensación-intuición), generalmente una función se desarrolla más que su opuesta. Esta función más desarrollada se convierte en la «función dominante» o «función superior», mientras que su opuesta permanece relativamente inconsciente, convirtiéndose en la «función inferior».

Jung observó que la función dominante es aquella en la que nos sentimos más cómodos y competentes, mientras que la función inferior representa nuestra área de mayor vulnerabilidad e incomodidad. Por ejemplo, una persona con pensamiento dominante puede sentirse profundamente incómoda en situaciones que requieren expresar o manejar emociones complejas, tendiendo a racionalizar sus sentimientos o a evitar situaciones emocionalmente intensas.

LOS OCHO TIPOS PSICOLÓGICOS BÁSICOS

Combinando las dos actitudes básicas (introversión y extroversión) con las cuatro funciones dominantes, Jung estableció ocho tipos psicológicos fundamentales:

1. Pensamiento extrovertido
La persona con pensamiento extrovertido orienta su análisis lógico hacia datos, hechos y teorías objetivamente verificables. Valora la consistencia lógica y la objetividad.

Por ejemplo, Albert Einstein, que a pesar de su genialidad intuitiva, orientaba su pensamiento hacia problemas físicos objetivos y verificables, buscando principios universales basados en evidencia experimental.

2. Pensamiento introvertido

La persona con pensamiento introvertido desarrolla sistemas teóricos basados en su comprensión subjetiva de ideas y conceptos. Se interesa más por la verdad conceptual que por la aplicación práctica.

Por ejemplo, Friedrich Nietzsche, cuyo pensamiento profundamente personal, a menudo paradójico y deliberadamente contrario a las convenciones lógicas de su época, ejemplifica esta orientación introvertida del pensamiento.

3. Sentimiento extrovertido

La persona con sentimiento extrovertido desarrolla juicios de valor basados en estándares colectivos y expectativas sociales. Posee fina sensibilidad para normas culturales y necesidades de otros. Suele caracterizarse por ser vital y sociable, necesita estar en contacto continuo con mucha gente, quizá compartiendo actividades.

Por ejemplo, Eleanor Roosevelt, conocida por su gran empatía y capacidad para conectar con personas de todos los estratos sociales, manifestaba esta orientación del sentimiento hacia valores sociales compartidos.

4. Sentimiento introvertido

La persona con sentimiento introvertido desarrolla un sistema de valores intensamente personal y subjetivo, a menudo independiente de normas sociales dominantes.

Por ejemplo, el poeta Rainer Maria Rilke, cuya poesía expresaba una profunda y compleja vida interior emocional, a menudo difícil de comunicar, pero extraordinariamente auténtica y personal.

5. Sensación extrovertida

La persona con sensación extrovertida se orienta principalmente hacia la realidad concreta y observable, atendiendo a detalles específicos y experiencias sensoriales inmediatas.

Por ejemplo, Ernest Hemingway, con su estilo literario directo, concreto y sensorial, centrado en la experiencia física inmediata y en detalles observables, ejemplifica esta orientación.

6. Sensación introvertida

La persona con sensación introvertida registra minuciosamente las impresiones sensoriales pero enfatiza la experiencia subjetiva que éstas provocan.

Por ejemplo, Claude Monet, cuyas pinturas no buscaban reproducir objetivamente la realidad visual, sino capturar la impresión subjetiva que la luz y el color producían en su percepción individual.

7. Intuición extrovertida

La persona con intuición extrovertida percibe posibilidades emergentes en situaciones externas, detectando patrones, tendencias y oportunidades antes que otros.

Por ejemplo, Steve Jobs, con su extraordinaria capacidad para anticipar tendencias tecnológicas y necesidades del consumidor antes de que fueran evidentes, encarnaba esta orientación intuitiva hacia posibilidades externas.

8. Intuición introvertida

La persona con intuición introvertida desarrolla visiones profundas sobre significados arquetípicos y posibilidades interiores. Tiene acceso privilegiado a contenidos simbólicos del inconsciente.

Por ejemplo, el místico Meister Eckhart, cuyas visiones intuitivas sobre la naturaleza de la divinidad emergían de profundas experiencias interiores y se expresaban en paradojas y símbolos que trascendían el pensamiento convencional.

La función inferior:
el talón de Aquiles psicológico

Un aspecto crucial de la tipología junguiana es el concepto de la «función inferior», que representa el polo opuesto de nuestra función dominante. Esta función permanece relativamente inconsciente y subdesarrollada, constituyendo nuestra área de mayor vulnerabilidad psicológica.

«La función inferior es la puerta a través de la cual todas las figuras del inconsciente entran en la consciencia.»

Observación clínica. Jung notó que en momentos de crisis o agotamiento, la función inferior tiende a emerger de forma descontrolada. Por ejemplo, un ejecutivo típicamente racional y metódico (pensamiento dominante) puede, bajo estrés extremo, tener una explosión emocional desproporcionada que sorprende a todos, incluido él mismo. Estas «erupciones» de la función inferior frecuentemente toman forma primitiva o infantil precisamente porque representan la parte menos desarrollada de la personalidad.

Jung consideraba la función inferior no solo como una fuente de problemas, sino también como una puerta hacia el desarrollo psicológico más profundo. A través del encuentro consciente con esta función, la persona puede acceder a recursos psíquicos previamente inaccesibles.

Limitaciones de la tipología junguiana.

Jung mismo reconocía las limitaciones de cualquier sistema tipológico: «Cada individuo es una excepción a la regla. La psicología individual debe distinguirse rigurosamente de la psicología académica o general.»

En sus últimos años, Jung expresó preocupación por cómo su tipología podría usarse de manera rígida o reduccionista. «Mi intención», dijo a un colega, «era proporcionar un lenguaje para hablar sobre diferencias humanas fundamentales, no una camisa de fuerza conceptual para encasillar personas».

La relevancia contemporánea de la tipología junguiana

A pesar de sus limitaciones, el modelo tipológico junguiano mantiene una relevancia contemporánea significativa como lenguaje para reconocer y apreciar diferencias cognitivas fundamentales sin jerarquizarlas.

Organizaciones como Google, Microsoft y la NASA han incorporado conceptos derivados de la tipología junguiana en sus programas de desarrollo de equipos, encontrando que la diversidad cognitiva (combinación de diferentes tipos psicológicos) puede mejorar significativamente la innovación y resolución de problemas complejos.

En momentos de homogeneización cultural y fragmentación identitaria, la visión de Jung muestra un equilibrio: reconoce patrones universales en el funcionamiento psicológico humano, mientras honra genuinamente las diferencias individuales como variaciones legítimas, no como desviaciones de una norma única.

CAPÍTULO 10

Entrevista a C.G. Jung

Encontraréis las entrevistas más importantes en YouTube, de las que os hemos adjuntado el enlace directo con código de barras (ver pág. 125).

Aquí incluimos «*Jung y la Astrología Psicológica*», que es la entrevista a C.G. Jung que realizaron el 26 de mayo de 1954 los astrólogos Jean Carteret y André Barbault, redactor jefe de la revista en que se publicó (*L'Astrologue*. nº 8, 40 Tr. 1969, París).

—¿Qué relación encuentra entre la Astrología y la Psicología?
—Ha habido muchos casos de analogías chocantes entre la constelación astrológica y el suceso psicológico, o entre el horóscopo y la disposición caracterológica. Incluso existe la posibilidad de una cierta predicción en cuanto al efecto psíquico de un tránsito, por ejemplo. Se puede esperar, con un grado de probabilidad bastante alto, que cierta situación psicológica bien definida venga acompañada por una

configuración astrológica análoga. La Astrología consiste en configuraciones simbólicas, como el inconsciente colectivo del que se ocupa la Psicología: los «planetas» son los Dioses, símbolos de las potencias del inconsciente (en primera línea y más allá).

—¿De qué modo: físico, causal, sincrónico..., piensa usted que pueden establecerse estas relaciones?
—Me parece que en este caso se trata sobre todo de ese paralelismo o simpatía que llamo sincronicidad: relación acausal que expresa aquellos nexos que no se dejan formular por la causalidad, como por ejemplo la precognición, la premonición, la psicokinesia (PK), y también lo que se llama telepatía. Dado que la causalidad es una «verdad estadística» hay excepciones de naturaleza acausal que pertenecen a la categoría de los acontecimientos sincronísticos (y no sincrónicos). Guardan relación con el «tiempo cualificado».

—¿Qué actitud mantiene usted ante las posiciones de los astrólogos que admiten la existencia de un terreno psicológico desde el nacimiento, y de los psicoanalistas que explican la etiología de las neurosis a partir de las primeras experiencias de la vida?
—Las primeras experiencias de la vida deben su efecto específico (patógeno) a la influencia del medio por un lado y por otro a la predisposición psíquica, es decir, a la herencia, que parece expresarse de manera reconocible en el horóscopo. Este último parece corresponder a un cierto momento del diálogo mutuo de los dioses (lo que significa: de los arquetipos psíquicos).

—La Astrología introduce en sus principios la noción de un tiempo cualificado en el universo. ¿Reconoce usted su papel en la psique individual (problema de los ciclos y de los tránsitos)?

—Esta es una noción de la que yo también me he servido antes, pero la he reemplazado por la idea de sincronicidad, que es análoga a la de simpatía o correspondencia, o a la de armonía preestablecida de Leibnitz. El tiempo no es nada. Sólo es un *modus cogitandi* del que nos servimos para expresar y formular el flujo de las cosas y de los acontecimientos, lo mismo que el espacio no es más que un modo de caracterizar la existencia de un cuerpo.

Cuando no sucede nada en el tiempo y no existe ningún cuerpo en el espacio, entonces no hay ni tiempo ni espacio. El tiempo es siempre (y exclusivamente) «cualificado» por los acontecimientos, como lo es el espacio por la extensión de los cuerpos. Pero esto es una tautología y no quiere decir nada, mientras que la sincronicidad (no el «sincronismo») expresa el paralelismo y la analogía entre los sucesos, en tanto que no causales. Por otra parte, el «tiempo cualificativo» es una hipótesis que se esfuerza en explicar el paralelismo de ciertos acontecimientos en términos de causa y efecto. Pero dado que el «tiempo cualificativo» es una hipótesis que se esfuerza en explicar el paralelismo de ciertos acontecimientos en términos de causa y efecto. Y dado que el tiempo cualificativo no es más que el flujo de las cosas, y aparte de eso tan «nada» como el espacio mismo, esta hipótesis no establece más que la mera tautología.

La sincronicidad niega la causalidad como explicación de la analogía entre los acontecimientos terrestres y las constelaciones (salvo en lo que se refiere a la desviación de los protones solares y su posible efecto en los acontecimientos terrestres), y particularmente la niega en todos los casos de percepciones extrasensoriales (ESP), sobre todo la precognición, ya que no resulta imaginable que se pueda observar el efecto de una causa inexistente o que todavía no existe. Lo que se puede establecer en Astrología es la analogía de los sucesos, pero en modo alguno que una serie sea el efecto o la causa de otra. (Por ejemplo, la misma constelación significa una vez una catástrofe y, en el mismo caso, otra vez un reuma ...) De todos modos el caso de la astrología no es nada sencillo: existe esa desviación de los protones solares, a causa de las conjunciones, oposiciones y aspectos de cuadratura por una parte, y los trígonos y sextiles por otra, con sus influencias sobre la radio y sobre otras muchas cosas. No soy competente para juzgar que importancia debe serle atribuida a esta posibilidad causal. En todo caso, la posición de la Astrología entre los métodos intuitivos es única y particular, y si existen razones, para dudar de una teoría puramente causalista por una parte, también de la validez exclusiva de la hipótesis sincronística, por otra.

—**¿Ha constatado usted, en el transcurso de tratamientos analíticos, fases de resistencia y otras de fácil resolución, en relación con tránsitos en el tema del paciente?**
—He observado muchos casos en los que una fase psicológica bien definida, o un hecho análogo, ha estado acompañado por un tránsito (sobre todo, aflicciones de Saturno y de Urano).

—¿Qué críticas mayores hace usted a los astrólogos?

—Si es que me atrevo a pronunciarme sobre un terreno que sólo conozco muy superficialmente diré todo lo más que el astrólogo no siempre considera sus indicaciones como puras posibilidades. La interpretación es a veces demasiado literaria y poco simbólica, y también demasiado personal. El zodiaco y los planetas no son rasgos personales, sino más bien datos impersonales y objetivos. También pienso que la interpretación de las casas debería considerar varios «niveles de significación».

—¿En qué vía estima que sería deseable se orientase el pensamiento astrológico?

—Es evidente que la astrología puede ofrecer mucho a la Psicología, pero en qué puede esta última contribuir al avance de su hermana mayor es menos evidente. Por lo que yo puedo juzgar me parece que sería conveniente para la astrología que se diese cuenta de la existencia de la Psicología, sobre todo de la que estudia la personalidad y el inconsciente; estoy casi seguro de que se podría aprender algo de su método de interpretación simbólica. Se trata de la interpretación de los arquetipos (los Dioses) y de sus relaciones mutuas, lo que es común a las dos artes. Es la psicología del inconsciente la que se ocupa particularmente del simbolismo arquetípico.

PARA SABER MÁS

La obra de C.G. Jung

Esta bibliografía incluye las obras más significativas de Carl Gustav Jung, pero, a excepción de las Obras Completas, no es exhaustiva. Jung fue un autor extraordinariamente prolífico cuya producción incluye cientos de artículos, conferencias, prólogos y contribuciones a obras colectivas. Para una bibliografía más exhaustiva, consultar el volumen 19 de las Obras Completas (o la bibliografía elaborada por el Instituto C.G. Jung de Zúrich).

Las fechas indicadas corresponden a la primera publicación de cada obra. Muchos textos fueron revisados y ampliados significativamente en ediciones posteriores, a veces con cambios sustanciales en las ideas presentadas, reflejando la evolución del pensamiento junguiano.

Bibliografía. Obras Completas

Las obras de Carl Gustav Jung fueron recopiladas y editadas en una colección de Obras Completas (*Gesammelte Werke* en alemán), publicadas originalmente en alemán y posteriormente traducidas al inglés y otros idiomas. La edición en español ha sido publicada por Editorial Trotta.
- Volumen 1: *Estudios psiquiátricos* (1902-1906).
- Volumen 2: *Investigaciones experimentales* (1904-1910).
    Presenta las investigaciones de Jung con el test de asociación de palabras, que sentaron las bases para su teoría de los complejos.
- Volumen 3: *Psicogénesis de las enfermedades mentales* (1907-1914).

- Volumen 4: *Freud y el psicoanálisis* (1906-1916).
- Volumen 5: *Símbolos de transformación* (1911-1912).
- Volumen 6: *Tipos psicológicos* (1921).
- Volumen 7: *Dos escritos sobre psicología analítica* (1916-1943).
- Volumen 8: *La dinámica de lo inconsciente* (1916-1954).
- Volumen 9/1: *Los arquetipos y lo inconsciente colectivo* (1934-1954).
- Volumen 9/2: *Aion: contribuciones al simbolismo del símismo* (1951).
- Volumen 10: *Civilización en transición* (1918-1953).
- Volumen 11: *Psicología y religión* (1932-1953).
- Volumen 12: *Psicología y alquimia* (1944).
- Volumen 13: *Estudios sobre representaciones alquímicas* (1929-1954).
- Volumen 14: *Mysterium coniunctionis* (1955-1956).
- Volumen 15: *Sobre el fenómeno del espíritu en el arte y en la ciencia* (1922-1941).
- Volumen 16: *La práctica de la psicoterapia* (1921-1954).
- Volumen 17: *Sobre el desarrollo de la personalidad* (1910-1954).
- Volumen 18/1: *La vida simbólica: miscelanea* (1935-1954).
- Volumen 18/2: *La vida simbólica: miscelanea* (continuación) (1935-1954).
- Volumen 19: *Bibliografía general e Índice*. Referencias bibliográficas de toda la obra junguiana.

Otras obras destacadas
- *Acerca de la psicología y patología de los llamados fenómenos ocultos* (1902). Editorial Paidós.

- *El contenido de las psicosis* (1908). Editorial Sexto Piso.
- *El libro rojo* (Liber Novus) (2009). Editorial El Hilo de Ariadna / Siruela.
- *El secreto de la flor de oro* (1929). Editorial Paidós.
- *Jung sobre la alquimia* (1995). Editorial Trotta.
- *Psicología y alquimia* (1944).. Editorial Trotta.
- *Simbología del espíritu* (1948). Fondo de Cultura Económica.
- *Sincronicidad* (1952). Editorial Trotta.
- *Sobre la psicología del inconsciente* (1917). Editorial Paidós.
- *Tipos psicológicos* (1921). Editorial Edhasa.
- *Transformaciones y símbolos de la libido* (1912, posteriormente revisado como Símbolos de transformación, 1952). Editorial Paidós.

Seminarios transcritos
Jung impartió numerosos seminarios que fueron transcritos y posteriormente publicados. Podéis encontrar alguno en las editoriales Trotta, Siruela y Paidós.

Recopilaciones y lecturas recomendadas para principiantes
Para quienes se inician en el estudio de Jung, pueden resultar particularmente accesibles estas obras:
- Jung, Carl G. *El hombre y sus símbolos* (1964). Editorial Paidós.
- Hannah, Barbara. *Encuentros con el alma: la psicología junguiana en el camino de la vida* (1989). Editorial Kairós.
- Hillesum, Etty. *Escritos esenciales* (1983). Ed. Sal Terrae.

Otros libros divulgativos o relacionados con la obra de Jung

Campbell, Joseph. *El viaje del héroe*. Editorial Kairós.

Edinger, Edward F. *Ego y arquetipo*. Editorial Kairós.

Hillman, James. *El código del alma*. Ed. Martínez Roca.

Hillman, James. *Re-imaginar la psicología*. Ed. Siruela.

Johnson, Robert A. *He, She, We*. Ed. Escola de Vida.

Navarro, Ginés y Rivera, Marina. *Manual de diagnóstico y estadística de los arquetipos*. Editorial Herder.

Sharp, Daryl. *Léxico junguiano*. Editorial Cuatro Vientos. Diccionario conciso de conceptos junguianos fundamentales, ideal para principiantes.

Shinoda Bolen, Jean. *Las diosas de cada mujer.* Ed. Kairós.

Shinoda Bolen, Jean. *Los dioses de cada hombre*. Ed. Kairós.

Stein, Murray. *El mapa del alma según Jung*. Editorial Luciérnaga.

Vv. Aa. *Recuerdos, sueños, pensamientos*. Editorial Seix Barral.

Von Franz, Marie-Louise. C.G. *Jung: su mito en nuestro tiempo*. Editorial Kairós.

Von Franz, Marie-Louise. *La interpretación de los cuentos de hadas*. Editorial Paidós.

Von Franz, Marie-Louise. *Sobre adivinación y sincronicidad*. Editorial Paidós.

Podcasts en español

- *El Psicólogo de la esquina*. Podcast en español que dedica varios episodios a conceptos junguianos explicados de manera accesible.

- *Junguianos con Javier Castillo*. Exploración de la psicología analítica en español con entrevistas a especialistas.

- *Arquetipos y Psicología Profunda*. Podcast dedicado específicamente a la exploración de arquetipos junguianos en el mundo contemporáneo.

Recursos online
- Fundación C.G. Jung (www.carljung.org). Sitio oficial con acceso a artículos, seminarios online y recursos educativos.
- Sociedad Española de Psicología Analítica (www.sepja.es). Información sobre formación, publicaciones y eventos junguianos en España.
- International Association for Analytical Psychology (www.iaap.org). Organización internacional que agrupa a las sociedades junguianas del mundo.
- *Jung Page* (www.cgjungpage.org). Colección de ensayos, reseñas y recursos para el estudio de la psicología junguiana.

Documentales y vídeos
- *El sabio de Bollingen: Carl Gustav Jung* (Documental de la BBC).
- *Matter of Heart* (1985). Documental con material de archivo inédito y entrevistas a colaboradores directos de Jung.
- *The World Within* (1990). Documental sobre la vida interior de Jung, con énfasis en su «confrontación con el inconsciente».
- *El alma y la vida: la obra de C.G. Jung* (serie documental de TVE). Exploración del legado junguiano con entrevistas a especialistas españoles.
- *El misterio de Carl Jung* - Canal Historia. Documental que explora las facetas más controvertidas de Jung y su pensamiento.

Vídeos relacionados:

1 Entrevista a Carl
Gustav Jung (1957)

2 Face to Face.
Entrevista completa de
la BBC. John Freeman
(1959).

3 La última entrevista
a Jung (1960).
Por Georg Gerster,
para un programa de
la radio suiza.

4 En otra versión:
Jung habla de Dios
(Das ist Gott).

Agradecimientos: Este libro no habría sido posible sin las sugerencias de la médica y psicoanalista Dra. Carme García Gomila. Gracias a Arturo Torres, Marta Guerri, Tomás Fernández y Elena Tamaro y el equipo de Anna Giardini.

El texto del capítulo 8 (Sincronicidad) recoge parte del estudio *Verdades y mentiras de la ley de la atracción* (Ed. Arpa).

ÍNDICE

En la misma colección:

Puedes visitar nuestros libros en
www.redbookediciones.com
a través de este código QR:

Puedes seguirnos en:

redbook_ediciones

@Redbook_Ed

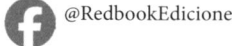
@RedbookEdiciones